会社の成長とIPO

次なるステージを目指す
経営者のための本

みらいコンサルティンググループ［編］

同文舘出版

はしがき

　2016年12月時点で、東証一部に上場している会社は約2,000社あり、二部市場や新興市場などその他の市場を合わせると約4,000社弱の会社が上場しています。一方で、日本の会社数は400万社以上あると言われています。上場会社になるには、単純に0.1％の非常に狭き門ですが、残りの99.9％の会社が日本経済を根幹から支えていることも事実であり、元気で優良な非上場会社は枚挙にいとまがありません。

　環境変化、顧客ニーズの変化、技術進歩などなど、めまぐるしく変化する不確実性の高い時代のなかで、会社を成長させていくためには、様々な経営課題を乗り越えなくてはなりません。経営者の方々は、日々頭を悩ませているかと思いますが、会社を成長させるための一つの手段として、IPO（新規株式上場）があるかと思います。

　本書では、IPOをテーマの中心にしていますが、読者の皆様には、必ずしもIPOありきで考えていただく必要はありません。持続的に会社が成長していくために必要なことは何か、その延長としてIPOという選択肢もある、といった視点でご覧いただければと思います。

　短期的には、売上増強策や営業面の施策など即効性のあるテーマに意識が向かいがちですが、中長期的に持続的な成長を考えると、資金・人・組織・管理体制といったテーマも避けて通ることはできません。本書では、こうした管理面のテーマを広く横断的にまとめています。IPOをするしないに関わらず、会社を成長させる、強くするには重要なテーマです。

　本書は、将来的にIPOを目指す経営者や経営幹部、実務担当者の方々はもちろん、IPOを目指すべきか迷っている経営者、事業承継や会社の出口戦略を考えているオーナー経営者、金融機関等の法人営業担当など、「会社」に携わる様々な方に手にとっていただければと思います。

私たちみらいコンサルティンググループの使命は、常にお客さまと同じ視点に立ち、お客さまの真の成長をサポートすることです。本書を通じて、1社でも多くの元気な会社が日本中で、さらには全世界で活躍するため、その一助になれば幸いです。

2016 年 12 月
みらいコンサルティンググループ

会社の成長とIPO―次なるステージを目指す経営者のための本―

目次

第1章 会社の究極の目標は何か?

- **第1節** 会社の究極の目標は何か? ……………………………………………… 1
- **第2節** 会社の成長 …………………………………………………………………… 2
  - **1.** 会社のライフサイクル　2
  - **2.** ベンチャー企業における成長期　3
  - **3.** 老舗企業における成長期　4
- **第3節** 経営者の価値観と成長 …………………………………………………… 5
- **第4節** 成長の手段 …………………………………………………………………… 6
  - **1.** IPOを目指す　6
  - **2.** M&A（買収）　7
  - **3.** M&A（売却）　8
- **第5節** 事業承継とIPO ……………………………………………………………… 9
  - **1.** 切実な事業承継問題　9
  - **2.** 事業承継としてのIPO　10

第2章 上場することの意味

- **第1節** IPO（株式上場）とは? ………………………………………………… 13
  - **1.** IPOとは?　13
  - **2.** 上場会社と非上場会社の違い　13
  - **3.** 市場の種類　14

iii

4. IPOのメリット　16

　　　5. IPOのデメリット　18

第2節　どんな会社がIPOできるのか？ ……………………………………… 19

　　　1. 形式基準と実質基準　19

　　　2. 実質基準のもつ意味　23

第3節　上場に向けたスケジュール …………………………………………… 23

　　　1. 上場申請書類　23

　　　2. 上場準備にかかわるプレーヤーたち　23

　　　3. 全体スケジュール　27

第3章　将来への道しるべ　経営計画

第1節　経営計画の意味 ………………………………………………………… 31

　　　1. なぜ経営計画を作る必要があるのか？　31

　　　2. 経営計画の活用場面　32

第2節　経営計画を作成するために …………………………………………… 33

　　　1. 経営者の想いを形にする　33

　　　2. 経営目標の設定　35

第3節　環境分析 ………………………………………………………………… 36

　　　1. 外部環境分析　37

　　　2. 内部環境分析　40

第4節　経営戦略・経営計画策定 ……………………………………………… 44

　　　1. 事業ドメインの設定　44

　　　2. 経営戦略の策定　45

　　　3. 経営計画の策定　48

　　　4. 意味のある経営計画にするために　49

第4章 資金は会社にとっての血液　資金調達

- **第1節** 成長のために必要な資金調達 …………………………………………… 51
- **第2節** 資金調達の種類 …………………………………………………………… 52
  - 1. 資金調達の方法は？　52
  - 2. 自社にあった資金調達の方法とは？　54
- **第3節** デットファイナンスの手法 ……………………………………………… 58
  - 1. 借入　58
  - 2. リース　62
  - 3. 社債　62
  - 4. その他のデットファイナンス手法　63
- **第4節** エクイティファイナンス ………………………………………………… 64
  - 1. エクイティファイナンスの特徴　65
  - 2. エクイティファイナンスの種類　66
- **第5節** 資本政策立案のポイント ………………………………………………… 70
  - 1. 資本政策の目的　70
  - 2. 資本政策立案の検討手順　71

第5章 最大の資産「人」　人事管理

- **第1節** 必要な人材の採用 …………………………………………………………… 79
  - 1. 採用計画の検討　80
  - 2. 採用基準の明確化　81
  - 3. 採用成功のポイント　84
- **第2節** 成長を支える人事制度の整備 …………………………………………… 86
  - 1. 成長企業の人事制度に共通していること　86

2. 人事制度の全体像　87
　　3. 等級制度設計のポイント　88
　　4. 賃金制度設計のポイント　90
　　5. 人事評価のポイント　93

第3節　従業員満足（ES）の向上に向けて　……………………………………　97
　　1. ESの重要性　98
　　2. ES向上のポイント　98
　　3. ES向上策の具体策　100
　　4. ES調査を利用してみよう　102

第4節　多様な人材を活かす　……………………………………………………　103
　　1. ダイバーシティマネジメントの時代　103
　　2. 女性社員の活躍に向けたポイント　104
　　3. シニア社員の活躍に向けたポイント　106
　　4. 外国人社員の活躍に向けたポイント　107

第6章　労務リスクの落とし穴　労務管理

第1節　労働時間管理体制の整備　………………………………………………　109
　　1.「次なる」成長のために欠かせない労働時間管理体制　109
　　2. 労働時間管理に関する動向　110

第2節　いわゆる"名ばかり管理職"の問題　…………………………………　111
　　1."名ばかり管理職"とそのリスク　111
　　2. 管理職としての判断要素　112
　　3. 必要な整備項目と対応策　114

第3節　サービス残業による未払い賃金の解消　………………………………　115
　　1. 未払い賃金が会社に与えるインパクト　115
　　2. IPO時に求められる未払い賃金の解消　117

第4節 36協定の遵守体制・長時間労働削減への体制構築 ……………… 118

　1. 36協定締結のポイント　118

　2. 36協定を遵守するための管理体制　119

　3. 長時間労働削減のポイント　120

第5節 規程・協定書の整備 ……………………………………………………… 121

　1. 主要規程の整備ポイント　121

　2. その他諸規程の整備と文書化のポイント　122

　3. 協定類の整備ポイント　123

第6節 パートタイム労働者の社会保険未加入問題 ……………………… 125

　1. 社会保険の加入基準　125

　2. 社会保険上の報酬　126

　3. 行政機関（年金事務所・会計検査院）による実態調査　126

　4. 社会保険の適用拡大　128

第7節 その他労務諸課題への対応 ……………………………………………… 129

　1. 安全衛生管理体制の整備　129

　2. 法定帳簿の整備　131

　3. 請負の適正化　132

　4. ハラスメントへの対応　133

　　3. 未払い賃金が発生してしまう管理体制とは　117

第7章　個人経営から組織経営へ　あるべき組織の形

第1節 会社組織はどうあるべきか？　組織形態の類型 ……………… 135

　1. 3つの基本類型　135

　2. 組織設計にあたって考慮すべき要素　139

　3. 実際の組織類型の例示　141

第 2 節　個人経営から組織経営へ ……………………………………………… 143
　　1. 成長途上にある組織の留意点　143
　　2. 業務分掌と職務権限　144
　　3. IPOにおける業務分掌と職務権限　144
第 3 節　成長期における組織の課題と弊害 …………………………………… 146
　　1. タテ割りの弊害　146
　　2. 意思決定スピードの鈍化　146
　　3. フリーライダー　147
第 4 節　組織を活性化させるために ……………………………………………… 147

第8章　成長するための仕組み　経営管理体制

第 1 節　会社を成長させるための経営管理 …………………………………… 149
第 2 節　利益管理の整備 …………………………………………………………… 151
　　1. 利益管理の必要性　151
　　2. 利益管理の要素　151
第 3 節　利益管理の要となる予算管理 ………………………………………… 152
　　1. 予算管理とは　152
　　2. 予算管理制度の確立　153
　　3. KPIによる管理　156
第 4 節　月次決算は確立されているか …………………………………………… 157
　　1. 月次決算の必要性　157
　　2. 月次決算制度　158
　　3. 月次決算早期化　159
第 5 節　原価計算制度は整備されているか …………………………………… 160
　　1. 原価計算の必要性と目的　160
　　2. 原価計算の方法　161

第9章 組織的経営の土台　ガバナンス体制

第1節 コーポレート・ガバナンス ································· 163
　　1. コーポレート・ガバナンスとは　163
　　2. コーポレート・ガバナンスの要素と機能　164

第2節 機関設計 ··· 164
　　1. 会社法における機関　164
　　2. 会社の機関設計　165
　　3. IPOにおける機関設計の留意事項　165

第3節 諸規程の整備 ·· 168
　　1. 社内規程の整備　168
　　2. 規程整備の進め方　169

第4節 内部監査制度の整備 ·· 170
　　1. 内部監査とは　170
　　2. 監査対象と他の監査との連携　170

第5節 内部統制 ··· 171
　　1. 内部統制とは　171
　　2. 内部統制報告制度（J−SOX）　171

＜参考文献＞　173

第1章

会社の究極の目標は何か?

第1節

会社の究極の目標は何か?

会社の究極の目標は何でしょうか?

創業期のベンチャー企業では、世のなかに革新的な商品・サービスを生み出し仕組みを変えることを使命としているかもしれませんし、成長期にある会社では、売上高100億円を目指す、といったことも目標でしょう。老舗企業であれば、伝統の承継や地元従業員の安定的な生活を確保すること等々、単に売上・利益を伸ばすことだけではなく、100社あれば100とおりの考え方があるといえるかもしれません。

かのピーター・ドラッカーは『見えざる革命』のなかで、「富の創出能力の最大化」こそが最も重要な経営者の責務としています。つまりは、長期的にキャッシュフローを生み出す能力を高める経営が、結果的に経営者、従業員、株主、取引先といったすべての利害関係者の利益に適う、ということです。

いずれにせよ、会社が掲げる目標を達成するためには、まずは持続的に成長していく必要があるといえるのではないでしょうか。右肩上がりの急成長もあれば、一歩ずつ着実に伸びていくことも成長ですが、持続的に成長し長期的に企業価値を高めていくことこそが、「会社の究極の目標」といえるかと思います。

本書では、「会社の成長」をキーワードに、会社の成長のための一手段としてIPO(株式上場)について検討をしています。IPOに関する詳細な実務に

関しては、専門書に委ねるとして、会社が次なる成長のステージに進むために検討しなければならないテーマ、「資金調達」、「組織・人」、「経営管理体制」といった売上や営業面以外の項目に焦点をあて、会社の成長に向けて考えるべきこと、やるべきことの概要を記載しています。

そのなかで、IPOを目指すには、何を検討し、どういった準備が必要か示しています。IPOは「目標」ではなく、会社を成長させるための「一手段」です。「手段」の選択を間違えれば、会社は成長するどころか、うまくいかなくなることもあり得ます。

第2節 会社の成長

1. 会社のライフサイクル

会社には、人間と同じようにライフサイクルがあります。一般的には、創業期、成長期、成熟期、衰退期と分けられます。人間と同じように、会社にとって成長期をいかにして過ごすか、いかなる目標をもって進むかは非常に重要です。

一昔前では会社の寿命は40年とも50年ともいわれていました。しかし、技術革新が非常に速いスピードで進む現在では、どんどん短くなっています。株式会社東京商工リサーチの調査によれば、2014年度の倒産企業平均寿命は23.5年だそうです。倒産件数に占める業歴30年以上の老舗企業の構成比も大きいことを考えると、成長期の道半ばで残念ながら倒産をしたベンチャー企業の平均寿命はもっと短いでしょう。

人間は、普通に生活していれば、成長期を迎え、やがて大人になれますが、会社はそうはいきません。日々の経営課題に対処し、経営の舵取りを行っていかなければ、すぐに会社はつぶれてしまいます。会社のライフサイクルに

図表1-1　会社のライフサイクル

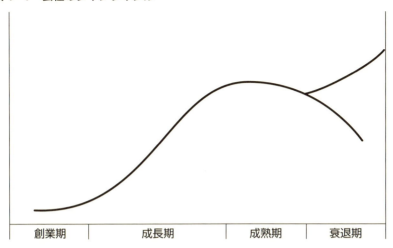

応じた経営課題に対応し、成長を継続させることが重要です。

とりわけ、成長期は、会社の変化が大きく、あらゆる経営課題が顕在化してくる時期といえます。

2. ベンチャー企業における成長期

　ベンチャー企業における成長期は、まさに商品・サービスが市場で認められ始め、販路拡大やブランディング戦略等さまざまな戦略を手掛ける時期といえます。

　ベンチャー企業では、アイデア・技術があっても資金がない、人がいない、というのが通常です。ベンチャー企業が成長期を乗り切るためには、まずは、資金調達を第一に考える必要があります。いかにして資金ショートさせずにお金を回していくか、投資のために必要な資金をいかに確保するか、といった資金的な課題を解決しなければ、大きな成長はできないといっても過言ではありません。次に、創業メンバー同士「あうん」の呼吸でやっていた創業期と違い、異なる考え方をもった人が増えてきます。すると、人事や労務、

組織管理等といった問題が生じてきます。

　ベンチャー企業は、革新的なアイデアや技術力が先行して世のなかで評価を受けることが多いですが、一方で、経理や財務、人事、労務といった管理部門は脆弱であることが少なくありません。ベンチャー企業が成長期を乗り切るためには、早期に管理部門の重要性に着目し、手をつける必要があります。

3. 老舗企業における成長期

　老舗企業の定義もさまざまでしょうが、ここでは、過去に一度成長期を経験し、創業経営者から何度か次の経営者にバトンタッチしている企業を指すことにしましょう。同族の経営者だけでなく、外部資本・外部経営者が入っていることもあるでしょう。

　老舗企業はライフサイクル上、安定期・成熟期を迎えている企業が多いと思います。ただ、人間と違って、会社は法律によって認められた「法人」ですから、成熟期を迎えたからといって衰退期を経て必ず終焉を迎えるとは限りません。第二、第三の成長期を迎えることも可能です。

　老舗企業が第二、第三の成長期を迎えるにあたっては、創業間もないベンチャー企業と比べ、内部留保資金も厚く、人材も揃っている場合が多いです。

　一方で、新しいことにチャレンジする土壌・風土を阻害してしまうこともあるため、第二、第三の成長を乗り切るため、組織体制を刷新する等、組織の問題を解決する必要があるでしょう。

第3節
経営者の価値観と成長

　会社の持続的成長が重要であることは先ほど述べたとおりです。ただ、どういった成長を目指すのかは経営者の価値観・ビジョンによるところが大きいものです。たとえば、全世界に展開し売上1,000億円の会社を目指すのか、規模を求めず代々受け継いできた伝統を未来永劫守り続けていくことを目指すのか……。どちらも持続的に成長していくことに変わりはありませんが、成長のスピードや過程、その手段は、まったく異なったものになるはずです。

　そこで、会社として目指すべき成長の方向性を明確にするため、「経営理念」「経営ビジョン」を作成する必要性がでてきます。詳細は第3章に後述しますが、ここでいう「経営理念」「経営ビジョン」は経営者の価値観と会社の目指すべき方向性を整理し、軸となるべき考え方を「見える化」することをいいます。細かい数値や内容は必要なく、経営者の「価値観」、「想い」、「夢」を形にすることです。

　「そんなものは頭のなかに入っている」「先のことは分からない、日々の経営課題に対応して舵取りをするのが経営者だ」といわれる経営者もいらっしゃるかと思います。

図表1-2　目指すべき成長の方向性の「見える化」

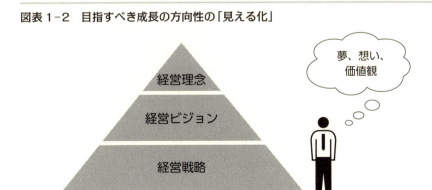

しかし、進むべき方向性が明確になっていないと、本書でも記載している資金調達、人事・労務管理、組織体制、管理体制といった経営に関する重要課題の解決策を描けないことにもなります。会社を成長させるためには、価値観を会社のメンバーと共有し、進むべき方向性を擦り合わせることから始まるといっても過言ではないでしょう。

第4節 成長の手段

苦労して創業した会社の商品・サービスが確立され、営業努力も実り受注がどんどん入ってくるようになると、いよいよ会社としての成長期を迎えた、といってよいでしょう。成熟期にある老舗企業も同様です。事業拡大、新規事業進出を図り軌道にのれば、第二の成長期といえます。

ここで、経営者の価値観、すなわち、「経営理念」・「経営ビジョン」と照らして、さらなる成長のためにどういった手段があるかをみていきたいと思います。

1. IPOを目指す

IPOの詳細については後述しますが、規模の拡大や知名度アップによる取引拡大を目指すのであれば、成長手段としてIPOは最有力候補でしょう。

IPOをすることで、成長過程で生じる資金の問題、人・組織の問題、内部管理体制の問題を解決することが可能となります。また、資金調達の自由度が増し、優秀な人材も集まりやすくなります。もちろん自動的に問題を解決してもらえるわけではありませんが、上場準備をしていくなかで、会社としてレベルアップを図れることができます。

一方で、一歩ずつ着実に成長をしていきたいと考える経営者や老舗企業に

とっては、IPOが最善の策といえない場合もあります。IPOにはメリットもありますが、デメリットもあります。オーナー企業が同族経営の良さを捨てて、上場を目指すのであれば、自身の価値観、経営理念に照らしあわせて、今一度よく検討することが必要となるでしょう。

2. M&A（買収）

　M&Aというと上場企業同士の話で関係ない、と思われるかもしれませんが、実際は非上場中堅・中小企業によるM&Aは活発に行われています。

　たとえば、外食産業の会社が同業他社を買収する（のれんを引き継ぐ）、メーカーが周辺事業に進出するため販社を買収する等、規模の大小にかかわらずM&Aの事例は数多くあります。

　ゼロから事業を構築するには、資金も時間もかかりますが、シナジー効果が見込める優良企業を買収することができれば、時間を大幅に短縮し、成長を加速させることが可能です。

　もちろん買収の手法によっては、多額の資金が必要になりますし、相手があってのことですので、一朝一夕には進みませんが、会社の成長を考える上で有効な選択肢の1つとなります。買収をすることで規模を大きくし、さらにはIPOを目指すといったことも考えられます。

　一方で、M&Aはまったく異なる風土、文化をもつ会社を1つのグループとするため、買収後の統合作業に多くの労力を割かれることもあります。買収後も会社形態を変えずに並列しておくことも考えられますが、一般的にはシナジー効果を見込んで買収するわけですから、いずれ人事交流や組織・制度の統合を行っていくことになります。人事制度やシステムの統合といった「仕組み」の統合だけであれば、まだやりやすいかもしれませんが、「従業員」の考え方や意識を統合していく作業は非常に困難で、やり方を間違えると優秀な社員の流出を招き、買収時に見込んでいた成果が上がらないといったことも十分あり得るため、留意が必要です。

3. M&A（売却）

　会社を売却することが会社の成長手段になる、というのは少し違和感を覚える方もいらっしゃるかもしれません。

　会社を売却するということは、会社の株式を第三者に売却し、経営権を譲ることになります。つまり、経営権が今までの経営者から新たな経営者に移るだけで、会社が営んできた事業自体がなくなることではありません。新しい経営者のもとで、その事業をさらに発展させることができるのであれば、会社成長の一手段といえるのでないでしょうか（ただし、社名が変わることもあれば、新しい経営者、株主の方針転換により、当初の意図に反して事業縮小となったりするリスクはあります）。

　M&Aによる会社売却は、創業者利益を得たいと考える経営者にとってIPOを目指すよりも、手っとり早い手段かもしれません。IPOをするためには、準備に2～3年はかかりますし、売上・利益がよいからといって、IPOできるとは限らないため、時間と労力が必要になってきます。また、M&AはIPOと異なり、相対で取引されるため、売却先企業が高い企業価値を認めれば、高い株価をつけることも考えられます。実際に高度な技術力やノウハウが大手企業に認められて、高額で売却されるケースはIT業界を中心によくあるケースです。

　ただ、自分たちが手塩にかけて育てた事業や従業員を手放すことに抵抗を覚えるのであれば、会社売却は成長手段の選択肢にはなり得ないでしょうし、高い将来性、企業価値が認められ、納得のいく価格がつかなければ売却どころではありません。

第5節

事業承継とIPO

1. 切実な事業承継問題

　会社の目標を持続的成長とするならば、経営者はいつか引退し、次の経営者へ承継する必要があります。とくに老舗企業にとっては、事業承継は、切実な問題であり、避けては通れない問題です。

　事業承継の問題は、会社を主人公として、3つの問題を考える必要があります。文字どおり、事業を誰に承継するか、という「事業の承継」に関する問題が1つです。いわゆる「社長業」を誰にどのように引き継ぐか、という問題です。とくに中小企業では経営者への依存度が高いことが一般的ですから、いかにして後継者に「社長業」を伝えていくかが重要なテーマとなります。

　次に、経営者が保有する株式を誰にどのように承継するか、という「経営権の承継」に関する問題です。親族内での相続を想定した場合、純資産の厚い優良企業であれば、多額の相続税が発生するため、資金手当が必要になります。第三者へ譲渡する場合も適正な価格で承継することが必要です。会社法上、経営の自由度を高めるためには、議決権の多くを握っている必要がありますが（普通決議は議決権の過半数以上、特別決議は議決権の2/3以上が必要）、相続により株式が分散することは避けるべきですし、第三者に承継する場合も第三者が従業員なのか、取引先なのか、それとも一般投資家なのか検討することは経営の根幹にかかわる極めて重要な問題です。

　最後に、経営者が保有する財産をいかに引き継ぐかという「財産の承継」に関する問題です。中小企業では、経営者が自社株式のほかに事業用不動産を保有しているケースが多くみられます。財産の相続時に、納税資金を準備できるのであれば問題ありませんが、事前に相続する株式の価値を下げるか、

図表1-3　3つの事業承継問題

株式の換金性を高め現金化できるようにすることが必要です。事業用不動産を相続する場合も継続して事業に利用するため、簡単には売却することはできませんから、トラブルや権利の分散を避けるためにも、会社が取得する等の対応が必要になります。

2. 事業承継としてのIPO

　一昔前は、事業は親から子へ（もしくは親族へ）承継することが一般的でしたが、承継する親族がいない、いても承継する意志がないといったケースや親族に継がせたくないといったケースも増えています。

　適切な承継者がいない場合、事業承継問題を解決する究極の手段として、IPOを選択することが考えられます。IPOをすることで会社は社会的公器となり、市場からも会社が無期限で継続していくものとして捉えられます。承継者がいる・いないにかかわらず、会社を継続させていく必要があるため、事業承継の根本問題が解決されるといえます。

　もちろん、IPOすることで適切な承継者が突如出現するわけではありません。IPO準備の過程では、経営計画を策定し、管理体制やガバナンス体制を整備していく必要があります。こうした組織や仕組みを整備していく過程で、社長に一極集中していた権限やノウハウを整理し、「事業の承継」を進めるこ

とになります。そのなかで、生え抜きの役員・従業員が成長すれば、将来的に彼らに社長業を分担して引き継いでもらうことも考えられます。いったん外部から経営者を招聘し、中継ぎとして社長業を引き継いでもらい、再び生え抜きの従業員に社長業をバトンタッチすることもあり得ます。

　また、「株式」を広く一般投資家にもってもらうことで、一定の支配権を維持しつつ「経営権の承継」を図れます。IPOすることで、株式は市場価格で取引されるわけですから、相続した株式も市場で換金することが可能になりますし、事業用不動産を会社に集約させることも容易になります。

　前節で触れた会社売却（M&A）が経営者の価値観にあわず抵抗がある場合、役員・従業員に株式を買い取ってもらい経営権を譲る（MBOと呼ばれる手法です）ことは資金面であまり現実的ではない場合、IPOは有効な選択肢の1つとなるでしょう。

第2章

上場することの意味

第1節

IPO（株式上場）とは？

1. IPOとは？

　そもそも「株式上場」とは何でしょうか。「株式上場」とは、「株式」を不特定多数の一般投資家に対して広く開放し、株式市場で誰もが自由に売買できるようにすることをいいます。IPO（Initial Public Offering）ともいいますが、新たに株式を一般に公開し、市場で公募・売出を行うことを指しています。IPOは広く一般的に知られる用語となっており、本書でもIPOという言葉を用いたいと思います。

2. 上場会社と非上場会社の違い

　上場会社と非上場会社では何が違うのでしょうか。上場会社は規模が大きく、知名度も高いと一般的には思われるかもしれませんが、非上場会社でも規模が大きく、知名度もバツグン、といった会社はいくらでもあります。昨今、新聞紙上で取り上げられる大型上場をみれば、「あの会社は今まで非上場だったのか」と思われる方も多いでしょう。

　上場会社と非上場会社での一番大きな違いは、「株式」です。非上場会社では、株式は同族等の限られた関係者で保有していることが一般的ですが、非上場会社では一般的に株式の譲渡制限が定款で定められています（会社法

136条)。株式の譲渡制限条項があると、株式の譲渡（売買）には会社の承認（株主総会、取締役会）が必ず必要になるため、一般投資家がいくらお金を積んでもよいから株式が欲しいと思っても、会社にNOといわれれば株主になることはできません。逆に、株主が1円でいいから株式を誰かに譲りたいといっても会社の承認が必要になります。

　IPOを目指す会社は、上場直前に定款変更し、株式の譲渡制限をなくして上場会社となります。これにより、株式市場において、ルールさえ守れば、誰でも市場で形成された株価で株式を取引できる状態になるわけです。

　IPOはプライベートカンパニーからパブリックカンパニーへの転換点といわれますが、まさにこの「株式」の取扱いの点において、「プライベート」から「パブリック」になる、といえます。

3. 市場の種類

　2016年7月、無料通信アプリ大手のLINE（ライン）が東証一部・ニューヨーク証券取引所と日米同時上場を果たしたことは記憶に新しいかと思います。1兆円規模の時価総額であり、多額の資金を調達し、グローバル市場で営業戦略を拡大させていくことでしょう。

　このように規模の大きい会社が東証一部へ直接上場を果たすケースもありますが、やはり限られた会社であり、上場へのハードルは非常に高くなっています。そこで、ベンチャー企業や成長途上にある会社のために用意された市場が新興市場といわれる株式市場です。

　国内の証券取引所は、東京証券取引所（日本取引所グループ）、名古屋証券取引所、札幌証券取引所、福岡証券取引所の4ヵ所あり、各取引所で本則市場と新興市場が用意されています。

　本則市場は、既存の中堅・大企業向けの市場であり、上場時の時価総額や純資産額等で一定の規模の大きさが要求されています。

　新興市場は、その名のとおり新興のベンチャー企業や一定の規模・実績の

図表2-1　株式市場の種類

	本則市場	新興市場
東京証券取引所 (日本取引所グループ)	市場第一部（東証一部） 市場第二部（東証二部）	マザーズ JASDAQスタンダード JASDAQグロース TOKYO PRO Market
名古屋証券取引所	市場第一部（名証一部） 市場第二部（名証二部）	セントレックス
札幌証券取引所	本則市場	アンビシャス
福岡証券取引所	本則市場	Q-Board

ある中堅企業向けの市場となっています。同じ新興市場のなかでもどの市場を目指すべきか一概にはいえませんが、各市場には特徴があり、自社の成長の方向性を照らして検討するべきです。

　マザーズは、バイオ関連企業やIT関連企業が多く上場しており、将来の高い成長可能性が求められる点が特徴です。たとえば、創薬関連のバイオベンチャーは新薬開発が長期に渡るため、売上が計上されず赤字決算が続きますが、成長性が認められれば、上場が可能です。

　ジャスダックは、マザーズに比べると比較的規模が大きい会社や老舗企業が上場しています。「信頼性」「革新性」「地域・国際性」という3つの市場コンセプトを掲げており、「持続的に発展する国内最大の新興市場としての基盤を固め、オリジナリティーに溢れた世界のベンチマークとなる新興市場を目指す」としています。ジャスダックでは、「スタンダード」と「グロース」という2つの区分を設けています。「スタンダード」は一定の事業規模と実績を有する成長企業を対象にしており、「グロース」は特色ある技術やビジネスモデルを有し、将来の成長可能性に富んだ企業を対象としています。

　また、アンビシャスは北海道に関連のある企業が、Q-Boardでは九州に本店を有する・実績のある企業が対象となっており、地元企業の成長を後押しする市場になっています。

4. IPOのメリット

　会社はIPOによりさまざまなメリットを享受することができます。逆にいえば、このメリットを享受するためにIPOという成長手段を選択するわけですから、どういったメリットを得るためにIPOを進めるか経営者は意識しなければなりません。ここでは、どのようなメリットがあるのかをみていきましょう。

（1）資金調達の円滑化

　会社にとって資金調達の重要性はいうまでもないことかと思います。最近では、クラウドファンディングといった手法もありますが、非上場企業が資金調達する手段としては、実質的には金融機関から借入をする方法しかありません。

　IPOをすることで上場時における公募増資による資金調達が可能になります。また、その後も公募による時価発行増資など市場から新規調達することが可能になります。資金調達の手段が増え円滑に調達できることは、IPOにおける大きなメリットといえるでしょう。

（2）知名度・信用力の向上

　上場会社になることで、一般投資家からの投資対象にもなり、メディアに取り上げられる機会も増え、知名度が一気に向上します。BtoCの会社であれば、社名や商品名がメディアに取り上げられることで直接宣伝効果が見込めますし、BtoBの会社であっても取引先での認知度も高まることで新規取引先の開拓ができるようになる場合もあります。

　また、上場会社であることは、しっかりとした内部管理体制を構築し、財務内容について監査法人からのお墨つきを得ていることになります。金融機関や取引先からは、財務内容も信頼できる健全な企業とみられるため、交渉によっては、より有利な取引条件を引き出すことも可能になるでしょう。

さらに、非上場会社では、経営者の個人保証が付されていることが一般的でしたが、上場すれば組織として会社の信用力で経営をしていくため、経営者の個人保証が外れます。経営者個人にとっては、重荷が外れるため、メリットの1つといえます。

（3）人材確保・社員のモチベーションアップ

　中堅中小企業では、人材の採用に頭を悩ませている会社も多いのではないでしょうか。一昔前と比べて働き方も多様化しているとはいえ、まだまだ学生の就職人気は、知名度のある上場会社に集中しています。中途採用であっても、優秀な人材は将来性のある上場会社に集まる傾向があります。上場会社となることで、採用する人材を幅広く募ることが可能になることは、大きなメリットといえます。

　また、在籍している社員も会社の将来性や上場会社に勤務しているという意識からモチベーションを向上させることもできますし、ストック・オプション等のインセンティブプランを付与したり、福利厚生制度を充実させることで優秀な社員の退職を未然に防止することも考えられます。

（4）創業者利潤の獲得

　IPO時に、経営者が保有している株式を市場で売却（売出し）することで、株主である経営者に直接お金が入ります。数億円～数十億円の創業者利潤を手にすることも可能です。もちろん会社規模や市場の評価、株式の売出し数にもよりますが、経営者としてリスクをとり、会社を大きく成長させてきたことに対する対価を得ることができるのは、経営者個人として大きな魅力となります。

（5）事業承継

　前章でみたとおり、IPOは事業承継問題を解決する手段として、有効な選択肢の1つであり、メリットともいえます。

5. IPOのデメリット

IPOのデメリットといってしまうと、マイナスのイメージになってしまいますが、パブリックカンパニーになることによって生じる義務ともいえます。こういったIPOの「義務」を受け入れられないと感じる経営者の方は、会社の成長手段としてIPOを選択肢から外すことも賢明な選択です。

(1) 経営の自由度の低下

上場会社は、不特定多数の投資家の投資対象となります。非上場であれば、経営トップの即断即決で実行できたような投資案件も、上場会社では、ルールに基づいた適切な意思決定プロセスを経る必要があります。また、投資を実行した結果、短期的に利益が悪化すれば、株主から説明を求められる場面も珍しくありません。場合によっては、創業のオーナー社長が上場後に追い出された、といった話もあり得ますから、慎重な対応が必要です。

(2) ディスクロージャー (開示) 義務

上場会社は、投資家に投資判断資料を提供するため、決算発表・四半期決算・有価証券報告書の提出等、その他タイムリーな企業内容の開示が必要になります。IR活動も積極的に行う必要があります。開示にかかわる手間とコストはもちろんですが、常に透明性のある「ガラス張りの経営」を求められることに対して違和感を覚える経営者にとってはデメリットといえるでしょう。

(3) 管理コストの増大

上場会社は公認会計士または監査法人から会計監査を受ける必要があるため、上場会社である限り、監査費用が発生し続けます。また、証券取引所への上場管理料も必要です。これらの直接的に増大する費用以外にも、前述のとおり、上場会社は投資家保護の観点からさまざまな情報開示義務が課せら

れます。こうした情報開示や内部統制報告制度（J-SOX）に対応するため、管理部門スタッフの増員（人件費の増加）、システムの導入といった間接コストが増大します。企業規模にもよりますが、中小規模の会社でも数千万〜億単位でのコストが発生し得ます。

第2節
どんな会社がIPOできるのか？

1. 形式基準と実質基準

　会社が成長段階にあり、業績がどんどん伸びているからといって、どんな会社でもすぐに上場できるわけではありません。上場するためには、主幹事証券会社による引受審査と証券取引所による上場審査を受けなければなりませんが、審査基準として「形式基準」と「実質基準」があります。

（1）形式基準

　形式基準は、株主数や時価総額といった形式的にクリアーしなければならない基準であり、上場審査を受けるためのいわば資格要件のようなものです。形式基準を満たしていなければ、そもそも上場審査を受けることができません。たとえば、マザーズでは、株主数200人以上・流通株式2,000単位以上・流通株式時価総額5億以上・時価総額（上場時見込み）10億円以上といった株式の流動性に関する定量的なハードルを設けています。マザーズでは取締役会を設置して1年間継続的に事業活動をしていることが求められますが、利益や純資産の定量的なハードルはなく、一定の規模の会社であれば基準を満たすことはそれほど高いハードルではないかもしれません。一方で、東証一部に直接上場するためには、株主数2,200人以上、純資産10億円以上、時価総額250億円以上等の高いハードルが要求されます。

図表 2-2　各市場の主な形式基準

項目	東証二部	東証マザーズ	JASDAQ スタンダード	JASDAQ グロース
対象とする企業	—	高い成長性を有していると認められる企業	一定の企業規模と実績を有し、事業の拡大が見込まれる企業群	特色ある記述やビジネスモデルを有し、将来の成長可能性に富んだ企業群
株主数（上場時見込み）	800人以上	200人以上	200人以上	
上場株式数	—	上場時までに500単位以上の公募	上場時の公募または売出し株式数が以下a,bのいずれか多い株式数以上であること a. 1,000売買単位 b. 上場株式数の10%	
流通株式（上場時見込み）	以下のa,b,cを上場時の見込みとしてすべて満たすこと a. 流通株式数4,000単位以上 b. 流通株式時価総額が10億円以上 c. 流通株式数が上場株券等の株数の30%以上	以下のa,b,cを上場時の見込みとしてすべて満たすこと a. 流通株式数2,000単位以上 b. 流通株式時価総額が5億円以上 c. 流通株式数が上場株券等の株数の25%以上	—	
時価総額（上場時見込み）	20億円以上	10億円以上	—	—
流通株時価総額（上場時見込み）	—	—	5億円以上	
純資産の額（上場時見込み）	上場日において10億円以上、かつ、申請会社の単体が負（債務超過）でないこと	—	上場日において2億円以上	上場日において正であること
利益の額等	最近2年間の経常利益の額の総額が5億円以上 または、時価総額が500億円以上	—	最近1年間の経常利益が1億円以上、または時価総額が50億円以上	—

出所：㈱日本取引所グループホームページより筆者作成

各市場における主な形式基準は**図表2-2**のとおりです。

(2) 実質基準

実質基準は、形式基準と異なり、定量的な基準が設けられているわけではなく、上場審査において主幹事証券会社・証券取引所が総合的に判断する要件となります。各社の実態にあった形で基準に適合していく必要があるため、IPOにおける非常に大きなハードルになっています。

実質基準は各市場の特色により多少の違いはありますが、基本的な考え方は同じであり、5つの適格要件が定められています。

①企業の継続性および収益性

経営活動が安定的かつ継続的に遂行できる状況にあり、今後成長して利益を計上できる収益基盤があるか確認されます。経営計画の合理性、ビジネスモデルや事業環境の検討、事業を遂行する上で必要となる事業基盤の整備状況等について確認されます。

図表2-3　実質基準の要件

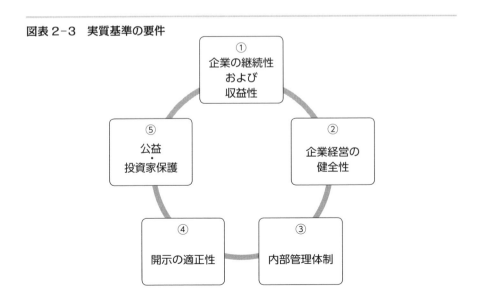

②企業経営の健全性

　株主の利益保護の観点から、会社の利益が害されることはないか、健全な経営を行うことのできる体制が整備されているか確認されます。

　会社の役員やその親族、子会社や関連会社等当該会社と特定の関係にあるもの（これらをまとめて「関連当事者」といいます）との取引行為は、事業上合理的な必要性がなければ解消する必要がありますし、重要な取引は開示する必要があります。これは、企業経営の健全性の観点から、取引条件を歪めることで実質的な利益供与を行うといった会社の利益を損なう活動を規制したものです。

③内部管理体制

　会社の役員構成や機関設計といったコーポレート・ガバナンス体制、内部監査や管理部門の体制といった内部管理体制の整備状況について確認されます。また、コンプライアンス体制が整備され、会社の属する業界の法規制等の法令を遵守できる体制になっているかも確認されます。

④開示の適正性

　上場後に、投資家の判断に重要な影響を与える会社情報を適時・適切に開示できる体制にあるかどうか確認されます。また、インサイダー取引防止の観点から情報管理の体制についても確認されます。

　適時開示を行うためには、月次決算を実施しタイムリーに業績を把握する必要がありますし、予算との差異を分析して、業績予想ができる体制にしなければなりません。

⑤公益・投資家保護

　株主の権利内容が不当に制限されていないか、経営に重大な影響を与える係争や紛争はないか、反社会的勢力による経営への関与を防止する体制を構築しているか等、公益・投資家保護の観点から問題がないか確認されます。

2. 実質基準のもつ意味

　上場会社になることは、「パブリックカンパニー」になることですので、実質基準は、投資家保護といった上場会社特有の観点から審査を受けます。オーナー経営の会社であれば、株主の利益保護を特段意識する必要はないかもしれません。

　しかし、会社を成長させるという視点に立った場合、実質基準にある項目は重要なポイントです。「①企業の継続性および収益性」は当然に整備しなければならない事項ですし、内部管理体制や予算制度、月次決算、組織の体制等も会社を成長させていくためには必要な事項です。実質基準は、IPO審査上での基準である一方で、会社成長の試金石の1つにもなり得るのではないでしょうか。

第3節
上場に向けたスケジュール

1. 上場申請書類

　上場申請時には、証券取引所の審査を受ける必要がありますが、この審査の中心になるのが上場申請種類です。上場申請書類の作成には、多くの時間を要するため、あらかじめ必要な書類を把握し、作成に必要な情報を収集しなければなりません（図表2-4参照）。

2. 上場準備にかかわるプレーヤーたち

　IPOは会社の意向だけですぐにできるわけではありません。今まで付き合いのなかった監査法人や証券会社といった外部機関のサポート・アドバイス

図表2-4　上場申請種類の概要

書類名	東証一部・二部	マザーズ	JASDAQ	提出時期
新規上場申請のための有価証券報告書（Ⅰの部）	必要	必要	必要	上場申請時
新規上場申請書のための有価証券報告書（Ⅱの部）	必要	※「新規上場申請者に係る各種説明資料」を作成。	※「JASDAQ上場申請レポート」「該当事項申告書」を作成。	上場申請時
新規上場申請のための四半期報告書	必要	必要	必要	上場申請時
有価証券届出書	必要	必要	必要	上場承認後
目論見書	必要	必要	必要	上場承認後

出所：㈱日本取引所グループホームページより筆者作成

を受けながら、上場を目指すことになります。こうした外部機関とうまく連携を図り、課題を共有しながらIPO準備を進めていきます。

（1）主幹事証券会社

　まず、IPOにおいて重要な役割を担うのが証券会社です。会社が株式の募集や売出を行う際に、会社に代わって業務を引き受ける証券会社を幹事証券会社といい、通常は複数の証券会社を選定し幹事証券会社となります。このなかで、株式の引受割合も最も多く、IPO準備にかかわるさまざまなアドバイスを行ってくれるのが主幹事証券会社になります。

　主幹事証券会社はさまざまな役割を担いますが、まず、IPO準備段階では、公開引受部門がIPO準備全般に関してのアドバイスを行います。上場スケジュールの作成に始まり、資本政策の立案、内部管理体制の構築、関係会社の整理等さまざまな局面で会社に助言指導を行い、IPOを進める上で密接なパートナーとなります。

　次に、上場前の段階になると、審査部門が上場審査を行います。公開引受部門は会社側の立場でアドバイスをしてもらえますが、審査部門は同じ証券

会社でも第三者的な立場から厳格に審査を行うことになります。

　上場時には、株式の引受業務を担い、上場後も資金調達の支援や株式市場に関する支援を受けることになります。

（2）監査法人

　上場会社は、金融商品取引法に基づいて、監査法人による財務諸表監査を受けなければなりません。上場準備段階においても原則として直前2期間の監査が必要となります。監査法人による監査は必須のものであり、この監査が監査法人の中心的な役割になります。会社は、監査法人の監査に対応するべく、財務諸表を適正、かつ、適時に作成する経理体制を構築する必要があります。

　一方で、非上場会社が最初から監査の要求水準に合った完璧な体制を構築できているケースは多くありません。IPO準備段階で、経理部門の人員強化、業務フローの整備等を手探りで始める会社が多いのが実情かと思います。そこで、監査法人から副次的なサービスとして、会計処理基準の整備や内部統制の構築、管理体制等上場準備に必要なアドバイスを受けることができます。会社側は監査法人のアドバイスをうまく活用しながら、IPO準備を進めていくことになるでしょう。

　ただし、監査法人はあくまで財務諸表を監査する立場ですので、監査の独立性の観点から、監査法人が各種資料を作成することはできませんし、アドバイスの域をでません。監査法人からIPO準備に関してどういったサービスを受けられるかは一様ではありませんから、会社側は監査法人とよく協議しておく必要があります。

（3）その他の関係者

①証券印刷会社

　証券印刷会社は、上場時における各種申請書類や上場後の開示書類、株主総会関連書類の印刷を行います。単に印刷を請け負うだけではなく、複雑で

作業負荷のかかる各書類の作成方法の指導や形式面でのチェックといったサポートも受けることができます。

②株式事務代行機関

　株式事務代行機関は、株主名簿管理人として株式に関する事務を代行してくれる機関です。株主名簿の作成や名義書換、配当支払の代行、株主総会の運営等もサポートしてもらえます。上場会社は不特定多数の株主が存在し、株式市場で株式が売買されていますから、社内で対応することは難しくなります。株式事務を円滑にし、株主の権利を守る観点からも、IPO審査上、株式事務代行機関を選定し、委託契約を結んでいる必要があります。

③ベンチャーキャピタル

　ベンチャーキャピタルは、成長が見込まれるベンチャー企業に投資をして、上場後にその株式を売却してキャピタルゲインを得ることを目的とした投資会社です。会社が成長する過程で資金調達は重要な課題ですが、非上場会社の資金調達手段としてベンチャーキャピタルから出資を受けることも選択肢の1つです（資金調達に関しては、第4章をご参照ください）。また、創業したばかりのベンチャー企業に対して少額の投資を行うことに強みをもつベンチャーキャピタルをアクセラレーターともいいます。

　ベンチャーキャピタルによって会社にどういった形で関与するかはさまざまですが、会社に資金提供してくれるだけではなく、経営環境の提供、ビジネスマッチングや人材紹介、資本政策の立案等さまざまな支援を行うこともあります。ただ、ベンチャーキャピタルの目的はあくまで会社を成長させてキャピタルゲインを得ることですから、上場後に安定株主にはなりませんし、会社を成長させることへの要求は厳しいものとなるでしょう。

figure 2-5 IPO スケジュール

	3年前 N−3期	直前々期 N−2期	直前期 N−1期	申請期 N期
申請会社	意思決定			
		経営管理体制の整備 →	経営管理体制の運用 →	
	資本政策立案	資本政策の実行 →		
		申請種類の作成、開示体制の整備 →		
		関連当事者等の整理 →		
監査法人	短期調査	監査契約・監査の実施 →		
		助言・指導 →		
主幹事証券会社	選定	助言・指導 →		
			事前審査	本審査	引受
証券取引所				上場審査

3. 全体スケジュール

もちろんIPOを目指して、すぐに上場できるわけではありません。

上場を行う期を「申請期」といいますが、一般的に申請期から逆算して3年は上場準備期間として必要になります。申請期の前2期間を「直前々期」「直前期」といいますが、上場するにあたっては、直前々期、直前期の2期間財務諸表等に監査法人の監査証明が必要不可欠になります。

もともと業績も安定して管理体制がしっかりとしており、監査も受けているというのであれば別ですが、一般的には上場の意思決定をしてから上場できるまでには長い時間がかかるということを、経営者はしっかりと認識しておくべきでしょう。

以下では各準備期間においてやるべき事項をみていきましょう。

(1) 3年前(N-3期)

　会社をいかに成長させていくか、会社の成長手段としてIPOを選択肢として選ぶ時期になります。前述のメリット・デメリットを踏まえ、会社の目指すべき方向性、戦略から検討する必要があります。

　IPOを目指す意思決定をした、もしくは、選択肢の1つとして検討する、ということであれば、まずは監査法人の短期調査を受けることになります。短期調査はショートレビューとも呼ばれ、上場に向けた課題を洗い出し、改善策やスケジュールを取りまとめて報告してもらう作業です。会計処理に関する課題だけではなく、内部管理体制や利益管理等網羅的に報告をしてもらうため、課題の解決に向けた道筋を立てることができます。通常は短期調査を実施した監査法人と監査契約を締結し、今後長い付き合いをしていくことになるため、単にコスト面だけではなく、実績や対応の良さからも監査法人を選ぶことが肝要です。

　また、主幹事証券会社もこの時期から接点をもつべきです。監査法人や主幹事証券会社からは上場に向けたさまざまなアドバイスを受けることになります。早い段階で接点をもつことで、上場を目指す上での重要な問題点を早期に解決できますし、効率的に準備を進めることができます。

(2) 直前々期(N-2期)

　直前々期になると、本格的にIPO準備を始めることになります。予算制度や内部管理体制、規程の整備等、短期調査で指摘された事項を整備していく必要があります。こうした仕組みや体制は、直前期には実際に運用していることが求められるため、直前々期に整備し終えなければなりません。体制の整備は全社的な協力が必要になり作業量も多くなるため、想像以上に時間がかかることが考えられます。また、場合によっては、関係会社や役員との取引の見直しや解消が必要になるケースもあるため、早めに対応するべきでしょう。

（3）直前期（N-1期）

　直前期では、整備した体制を実際に運用していくことになります。ただ、実際は完璧な体制が整備できている場合は少ないですし、会社の状況も日々変化するため、運用しながら問題点を改善していくというサイクルになります。内部統制報告制度（J-SOX）の準備や上場申請書類の作成も始めなければならないため、関係部門はさらに業務量が増えてくる時期になります。

　順調に準備が進めば、直前期の後半には、主幹事証券会社から事前審査を受け、本審査に向け課題の積み残しがないか整理を行います。

（4）申請期（N期）

　申請期に入れば、まさに上場をする期となるため、緊張感が少しずつ高まる時期かと思います。

　申請期には、主幹事証券会社から「引受審査」を受けることになります。引受審査では、単に書類の提出だけではなく、さまざまな質問に対応する必要があります。証券会社の担当部門も今までアドバイスを受けていた公開引受部門から審査部門へと移り、より第三者的立場となるため、正確かつ迅速に対応しなければなりません。

　証券会社の引受審査が終われば、いよいよ証券取引所の上場審査を受けます。引受審査と同じような項目を審査されますが、証券取引所から直接経営者に対するヒアリングも行われるため、IPOにおける最後のハードルといってよいかと思います。

　上場審査手続きを終え、無事に上場承認がおりれば、公募・売出の手続きに入り、投資家への会社説明会（ロードショー）を行います。このような手続きを経てようやく取引所の鐘をならすことができるのです。

　上場準備段階では、管理体制等の整備や運用に注力する必要がありますし、業務量が膨大になりがちです。ただ、こうした準備はIPOをするために必要なのでなく、会社を成長させるために必要である、ということを経営者は常に認識しておく必要があるでしょう。

第3章

将来への道しるべ　経営計画

第1節
経営計画の意味

　経営者が価値観をもって、会社の目指すべき方向性をもつことが会社の成長を考える上で重要なことは、第1章で述べたとおりです。

　ここでは、そうした経営者の価値観・方向性を具現化したものである「経営計画」についてみていきましょう。

　なお、「経営計画」と「事業計画」が同義で使われることもありますが、本書では区別して記載をしています。明確な用語の定義があるわけではなく、どちらを用いても間違いではありませんが、「経営計画」は経営戦略の全体像を体系化した計画であり、「事業計画」は経営計画の下位に位置づけられるものとして事業や部門ごとの数値計画・実行計画に落とし込まれたもの、として位置づけています。

1. なぜ経営計画を作る必要があるのか?

　会社が社長一人の個人経営であれば、社長が頭のなかで考えたことを個人の資金を使い社長自身が実行すればよいだけです。しかし、会社が成長していくためには、人を雇い、資金も調達する必要が出てきます。社長の頭のなかを整理して、従業員や第三者に説明・納得してもらう必要が出てくるのです。経営計画は組織的経営を行う上で、欠かせないものであり、会社を成長させるために必要なものだといえます。経営計画を策定することで次の3つ

の機能・効果が得られます。

（1）ビジョンを見える化する

　経営者が考えている経営ビジョンを具体的に提示し、自社の経営戦略や組織形態、目標等社内外に対して説明することができます。社外の利害関係者に対しては、そもそもでどういった会社なのかを説明するコミュニケーションツールとしての役割も果たします。

（2）組織の求心力を高める

　経営計画を策定し進むべき方向性を明示することで、いろいろな考え方をもった組織の構成員を統制し、モチベーションを向上させることができます。組織で達成すべき目標の設定と目標達成に向けたアクションの進捗管理、従業員のコミットメントを引き出すための組織内コミュニケーション等を実施するためのツールとして機能します。

（3）信用力を高める

　外部（金融機関やベンチャーキャピタル）から資金調達を行う場合、経営計画・事業計画を提出する必要があります。経営計画は、経営ビジョンの実現可能性に対する明確な根拠を提示するため、金融機関等から会社の信用力を高めることができます。

2. 経営計画の活用場面

　経営計画は、会社が成長するためのツールであり、さまざまな活用が考えられます。活用する場面やその目的によって経営計画は、見せ方が変わることがあります。たとえば、金融機関向けの資料であれば、数値計画を詳細に記載する必要がありますし、従業員向けの資料であれば、細かい数字よりも目標や組織体制、部門のアクションプランを説明する必要があります。もち

図表3-1　経営計画の活用場面

	対象	目的
対社内	経営陣	経営ビジョンを共有し、経営陣が経営戦略を構築していくツールとして用いる。
	従業員	経営ビジョンを共有することで、組織の方向性を明示し、成長に向けた自部門、自身の役割・貢献を伝達する。
対社外	金融機関等	資金調達における説明資料として用いられる。とくに会社の収益性や財務内容がみられるため、詳細な数値計画が必要になる。
	証券会社・証券取引所	IPO時における審査資料。
	一般投資家	投資対象としての会社の将来性の説明材料となる。

ろん、見せ方が変わるといっても、内容自体が変わるわけではありませんので、社内向けと社外向けでまったく異なる計画とならないように注意が必要です。

第2節 経営計画を作成するために

　経営計画は、経営理念や経営ビジョンに基づく経営目標と現状の姿とのギャップをいかに埋めるかを体系化したものです。また、経営計画は、客観的な分析に基づき、経営戦略を論理的に設計し、達成可能な行動計画に落とし込まれます。しっかりとした経営計画を策定するためには、まずは土台となる経営理念・経営ビジョンを策定していく必要があります。

1. 経営者の想いを形にする

（1）**経営理念**

　経営理念とは、経営活動の源泉となる価値観や根本の考えです。経営者が

図表3-2　経営計画の体系

図表3-3　経営理念

　会社を運営するにあたって、経営の目的を明確化し、その目的を実現するために組織が共有すべき価値観を目に見える形にしたものです。

　いい換えれば、何のために会社という組織に集まって、何をすべきか、を一言で表したものともいえるでしょう。概念的なものでつかみどころがないと思われるかもしれませんが、経営理念は会社の文化を形成する上で重要な要素となります。

　経営理念に決まった形はありませんが、社会での存在価値や使命は何か、顧客に対する経営姿勢、従業員1人ひとりの行動指針といった視点から検討されることが一般的です。

（2）経営ビジョン

　経営ビジョンは、将来への展望を意味し、その会社が目指す将来のありたい姿を示すもので、経営者の想いを具体化したものともいえます。

　経営ビジョンを実現させるために、計画を策定し戦略を実行していくので、経営ビジョンは経営計画の根幹をなす重要なテーマです。もちろん、経営ビジョンは経営者が自ら考え、策定するべき事項です。

　経営ビジョンがしっかりとした会社は、社内でも共通の価値観が醸成されてきます。経営者、経営幹部、従業員と組織を構成するすべての人が同じベクトルを向くことでバラバラの個人の集合に過ぎなかった組織が有機的に結合し、強い組織体となるのです。逆に、経営理念や経営ビジョンがなければ、何のために会社があるのか、何のために働いているのか、将来会社はどうなるのか、何を基準に判断すればよいのか、といったことが分からなくなり、組織がまとまらず、思ったような成果が出せなくなるかもしれません。

2. 経営目標の設定

　経営理念・経営ビジョンは価値観や方向性を示すものでしたが、さらに具体化したものが経営目標です。経営目標は、経営ビジョンを実現させるために、どうすればゴールなのか具体的に示すもので、定量目標と定性目標から構成されます。

（1）定量目標

　定量目標とは、経営ビジョンにおける自社の将来像を具体的な数値として明らかにしたものです。定量目標がなければ、活動の結果としてゴールに到達できたのか否か、客観的に判断できませんから、到達基準として定量目標の設定が必要になります。

　一般的には、売上目標や利益目標、利益率目標といった財務指標を業績目標として用いますが、これらは、従業員にとっても一番分かりやすい指標で

すし、外部からみても判断しやすい指標です。

（2）定性目標

　経営目標は数値だけで表わされるものではありません。売上や利益は結果として表れるだけであり、それだけを経営目標としては経営ビジョンを達成することはできないでしょう。

　定性目標の設定では、自社だけの将来像を考えるのではなく、会社を取り巻く利害関係者からの視点も考えることが重要です。自社の技術やサービスを使って社会をどうしたいか、従業員にとってどのような会社でありたいか、顧客や取引先からみたあるべき会社の姿は何か、といった点をあわせて考えます。

（3）経営目標としてのIPOは？

　IPOは、会社が大きく成長するためのステップであり、社会的に認知される契機となります。IPOによって、さまざまなメリットを享受できることは第2章で述べたとおりですが、IPOを経営目標の1つとして設定することも考えられるでしょう。ただし、IPOは最終目標ではなく、あくまで「成長のための手段」であるということは常に意識しなければなりません。経営目標の1つとしてIPOを設定したとしても、それで終わってしまっては経営ビジョンは実現し得ません。IPOは成長のマイルストーンとして位置づけ、その先にさらなる経営目標を設定する必要があるのです。

第3節
環境分析

　経営理念や経営ビジョンを策定し、3年後に売上高100億円・業界ナンバー1といった目標を掲げたとしても、それだけでは説得力のある経営計画には

なりません。客観的な分析と裏づけがなければ、経営計画は単なる言葉遊びと数字を羅列した「画に描いた餅」になってしまいます。説得力のある経営計画にするために、まず自社を取り巻く経営環境を分析する必要があります。一口に分析といっても、単に自社のことだけを把握すればよいというものでもなく、自社はどの市場で、どのような会社と競合しているのか等、あらゆる視点で分析・検討をしていくことが重要です。

ここでは、いくつか代表的な考え方・視点をご紹介したいと思います。

1. 外部環境分析

まず、会社を取り巻く外部環境を分析しますが、マクロ環境とミクロ環境に分けてみていきましょう。マクロ環境は会社が自らコントロールできない環境、ミクロ環境は自社にとってある程度の働きかけが可能な環境をいいます。規模や市場でのシェアの大きい会社は、外部環境の影響を受けやすいため、会社の規模が大きければ大きいほど、外部環境分析が重要になるといえます。

(1) マクロ環境分析

マクロ環境分析では、自社ではコントロールできないが、自社の事業に関係の深い重要な要因や環境変化を分析します。PEST分析という手法が一般

図表3-4 PEST分析

政治的要因（P）：	業界の法規制の強化・緩和、政権交代等ルール自体を変化させるもの
経済的要因（E）	景気動向、物価変動、為替相場の変動等の経済活動に影響を与えるもの
社会的要因（S）	自社がターゲットとするエリアの人口動態、世論調査、流行等社会の構造に影響を与えるもの
技術的要因（T）	技術革新や特許技術、ITにおけるイノベーション等、競争環境に影響を与えるもの

的で、Politics（政治）・Economics（経済）・Society（社会）・Technology（技術）の4つの視点から環境変化や影響を把握・分析していきます。たとえば、図表3-4のような整理が可能です。

（2）ミクロ環境分析

ミクロ環境は自社の周辺にある外部環境で、市場や競合、顧客の動向が該

図表3-5　ファイブ・フォース分析

5つの競争要因	内容
顧客の交渉力	自社と顧客との競争のことで、販売力、商品・サービスの需給バランス等から顧客がもつ交渉力の程度を評価します。
供給業者の交渉力	自社と仕入先との競争のことで、仕入先の数、購買量、購買品の付加価値等から、仕入先がもつ交渉力の程度を評価します。
新規参入の脅威	参入障壁の高さを評価し、他業種や類似業種から新規参入し市場シェアを奪う存在を把握します。参入障壁は、切り替えコスト、必要な資本・設備、ブランド力、ノウハウ等から評価します。
代替品・サービスの脅威	自社の商品・サービスに変わる新しいものが現れないか把握します。商品・サービスが顧客のニーズを満たしているのか、代替品の価格や顧客の切り替えコスト等を評価します。
業界内の競合関係	市場における競合企業数、業界の成長速度、コスト構造、ブランド、広告費用等から競争状態を評価します。

```
          新規参入の脅威
         （参入障壁はあるか）
                ↓
供給業者の交渉力 → 業界内の競合関係 ← 顧客の交渉力
              （競合がどのくらいいるか）
                ↑
         代替品・サービスの脅威
          （類似品はあるか）
```

当します。市場のなかで同様の商品・サービスを提供している会社がほかに存在している以上、競争は避けられません。この競争を有利に進めるため、情報を収集、分析し、業界内の競争環境を正しく理解・分析することは極めて重要です。

①ファイブ・フォース分析

　ファイブ・フォース分析は、業界内の競争環境を分析するツールで、5つの競争要因（フォース）から分析します。5つの競争要因の変化に着目し、それが自社にどのような影響を与えるか分析・評価します。

　ファイブ・フォースを分析することで、業界内における自社のポジションも理解しやすくなりますし、その業界で最も影響力のある競争要因についても把握することができます。分析で得られた情報をもとに、今後自社がどのような戦略をとるべきなのかを検討する材料となります。

② 3C分析

　3C分析とは、市場・顧客（Customer）、競合（Competitor）、自社（Company）の3つの視点から自社の事業の成功のカギをみつけ出し、自社の戦略に活かす分析手法です。

図表3-6　3C分析

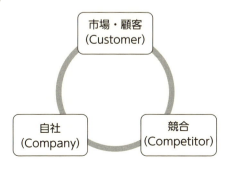

- 市場・顧客分析のポイント

　まず、3C分析では、市場・顧客分析を行います。市場を知らなければ、その市場でどう戦うべきかがみえてきません。先ほどみたPEST分析やファイブ・フォース分析もあわせて行うことで効率的に分析を行うことが可能です。市場規模（潜在顧客の数、地域構成等）や市場の成長性、購買決定プロセス、購買決定者、顧客の価値観といった観点で分析しますが、市場や顧客のニーズがどう変化しているかを把握することがポイントです。

- 競合分析のポイント

　次に競合分析では、市場・顧客分析で把握した状況や変化に対して、競合がどのように対応しているかを把握します。売上高や利益、広告宣伝費といった財務指標、顧客数や店舗数、生産設備、従業員数といった経営資源に着目し、競合がいかに結果を出しているかを分析します。また、競合企業におけるビジネス構造上の仕組み（製造工程やマーケティング手法等）を調査し、市場変化にうまく対応できる要因を探し出します。

- 自社分析のポイント

　最後に、自社分析を行います。自社分析は次に記載する内部環境分析にも該当します。

　自社分析では、自社の経営資源や経営活動について、市場・顧客分析、競合分析の結果を踏まえて、自社が対応できている部分とできていない部分を把握します。売上高、ブランドイメージ、技術力、人的資源、付加価値を生み出す機能等に着目して分析を行い、自社の事業が市場で成功するための要因（KSF：Key Success Factor、重要成功要因といいます）を探ります。

2. 内部環境分析

　次に内部環境分析です。自社を知るためには、自社の商品・サービス、購買要因、営業、生産・技術等の分析が必要となります。自分の会社のことは経営者や従業員が一番良く理解していると考えてしまうかもしれませんが、

自社だからこそみえない側面や客観性に欠く部分があります。

　内部環境分析においては、競合他社と比較した自社の強み・弱みを把握することが重要です。競合他社との比較を行うことで、競合に勝つためには自社のどの部分を強化しなくてはいけないのか、現在の競争優位を将来にわたって保つために今何をしなければならないのか、といった対策を講じることもできます。ここでは、内部環境分析の手法についていくつか紹介します。

（1）バリューチェーン分析

　バリューチェーン分析とは、会社が提供する商品・サービスの付加価値が企業活動のどの部分で生み出されているかを分析する手法です。

　バリューチェーンでは、企業活動をそれぞれの機能ごとに分解し、どの機能で付加価値が生み出されているのか、どの部分に強み・弱みがあるのかを把握し、自社の優位性や改善の方向を探ります。

　商品・サービスが顧客に提供されるまでには、さまざまな企業活動が関係します。すなわち、商品を企画し、部品や原材料を調達、製造、出荷物流、販売・マーケティング、アフターサービスといった一連の活動のことです。こうした一連の企業活動の流れが生み出す付加価値に着目したのがバリューチェーンです。

　たとえば、商品企画力が強い会社では、その活動が競争優位の源泉で高い付加価値を生み出していると考えられます。あまり付加価値を生んでいない製造は外注する等して、自社のリソースを高付加価値の活動に集中させて他

図表3-7　バリューチェーン分析

商品企画 → 原材料調達 → 加工・製造 → 出荷 → 販売

社と差別化することも考えられます。

　バリューチェーンを用いて業界や市場分析をすることで、KSF（重要成功要因）を発見することも可能となり、既存事業のバリューチェーンを組み替えることで新たな事業が生まれ、新たな競争優位性を構築することもできます。

（2）SWOT分析

　競合他社と自社の優劣を比較するための代表的なフレームワークとしてはSWOT分析があります。SWOT分析とは、組織やプロジェクトの内外の経営環境を分析するための手法で、内部環境を強み（Strength）と弱み（Weakness）に、外部環境を機会（Opportunity）、脅威（Threat）に分類して整理します。これら4つの視点の頭文字をとってSWOT分析と呼んでいます。

　4つの視点から分類ができれば、次はそれぞれの要素をクロスさせて課題を抽出するクロスSWOT分析を行います。

　まず、「強み」×「機会」をクロスさせることで積極的にとるべき戦略がみえてきます。自社がもつ強みを発揮できる市場やニーズがあり、即効性のある策を打つことで、規模を拡大させたり、市場シェアを獲ることが可能となります。

　次に、「弱み」×「機会」をクロスさせると改善すべき課題・戦略がみえてきます。市場の可能性やニーズはあるものの、自社の弱みがボトルネックとなって結果を出せない状況にあります。すべての弱みを克服するのは不可能ですが、解消可能な弱みをみつけ出し、改善していくことで、機会を狙うことができます。

図表3-8　SWOT分析

	プラス要因	マイナス要因
内部環境	強み（Strength）	弱み（Weakness）
外部環境	機会（Opportunity）	脅威（Threat）

図表 3-9　クロス SWOT 分析

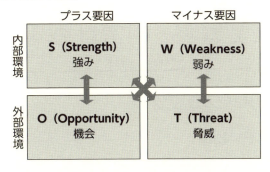

	強み	弱み
機会	強み×機会 「強み」によって「機会」を最大限に活用するために取り組むべきことは何か？	弱み×機会 弱みによって機会を逃さないために取り組むべきことは何か？
脅威	強み×脅威 強みによって脅威による悪影響を回避するために取り組むべきことは何か？	弱み×脅威 「弱み」と「脅威」により最悪の結果となることを回避するために取り組むべきことは何か？

　「強み」×「脅威」をクロスさせると、差別化すべき戦略がみえてきます。市場が縮小傾向であったり、将来にリスクがあるなかでも自社の強みを活かして他社と差別化を図り、圧倒的なシェアを狙うことも考えられます。

　最後に、「弱み」×「脅威」をクロスさせると、撤退・縮小すべき戦略がみえてきます。市場の将来性がなくリスクもあるなかで、自社の弱みが顕在化している分野ですから、弱みを克服して強みにできないようであれば、撤退・縮小を検討すべきです。撤退が難しければ、いかに致命傷を受けないようにするか対策を講じる必要があります。

第4節 経営戦略・経営計画策定

1. 事業ドメインの設定

(1) 事業ドメインとは

　環境分析によって、自社がおかれている事業環境や事業構造を正確に把握することができれば、次は経営戦略を策定していくことになりますが、経営戦略は、事業ドメインを決定することから始まります。

　事業ドメインとは、会社が事業活動を行う領域・フィールドを意味します。自社のリソースには限りがあるため、成長分野だからといって何でもかんでも事業を拡大していくことはできません。事業ドメインを設定することで、リソースを投下するべき事業分野を定め、競争に負けない領域で活動をしなければなりません。

(2) 事業ドメインの設定

　事業ドメインを決定するには、自社が提供する商品・サービスを軸として考えると簡単に設定できます。「総合○○業」等が典型的な例といえます。

　しかし、これだけでは、一度その商品・サービスが陳腐化してしまうと変化に対応できませんし、「○○業」以外の周辺分野が成長してもリソースを再配分することができません。事業ドメインを個別具体的に設定し過ぎると、事業活動が制約されてしまい、成長機会を逃すことにもなるのです。

　そこで、①どのような市場で、②どのような技術・ノウハウを、③どのような付加価値をつけて提供するか、といった視点もあわせて複合的に考える必要があります。

　スポーツ用品メーカーが、「総合スポーツ用品製造業」と事業ドメインを設定すれば、あらゆるスポーツ用品を扱うことが分かりますが、製造業の領域

でのみ活動することを意味します。そこで、スポーツがもたらす付加価値に着目して、たとえば「スポーツを通じて人々に健康と娯楽を提供する」と設定すれば、野球教室といった教育事業やスタジアムの運営、健康事業といった周辺事業にも拡大することができます。もちろん、周辺事業に拡大すればよいというわけではありませんので、自社のおかれた環境や経営ビジョンと照らしあわせて検討する必要があります。

2. 経営戦略の策定

経営理念・経営ビジョンから設定された経営目標を達成するために解決しなければならない経営課題の解決方法を示すものが経営戦略です。

(1) 経営課題の抽出

経営課題は、経営目標と現状のギャップです。経営目標を達成するためにはギャップを埋める必要がありますが、限られた自社のリソースを活用するため、優先順位をつけて取り組まなければなりません。経営戦略を策定するためには、まず経営課題を抽出して明確にすることが重要です。

環境分析から把握した現状と目標のギャップが、政策上の問題から起因するものか、自社の経営上の問題から起因するものかを整理し、将来にわたって自社が取り組むべき問題点を経営課題として設定します。

(2) 経営戦略（全社戦略）の策定

経営課題が設定できれば、経営戦略を策定していくことになります。経営戦略は、一般的には、全社的な視点（全社戦略）と個別の視点（個別戦略）から策定されます。個別戦略はさらに、事業ごとの視点（事業戦略）と機能ごとの視点（機能戦略）に分けられます。

経営者は自らが策定した経営ビジョンを見据えて、いつまでに、どうなりたいか、ということを念頭において、経営計画を策定・推進するというスタ

図表3-10 経営戦略の体系

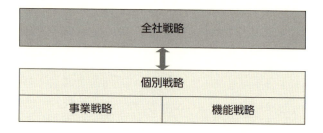

図表3-11 アンゾフの成長マトリクス

		市場	
		既存	新規
製品	既存	市場浸透	市場開拓
	新規	新商品開発	多角化

ンスに立たねばなりません。そのためには、自社がどのような市場で成長していくのかを決定し、事業ポートフォリオを考え、自社のリソースをいかに適正配分していくのかということを全社戦略として策定する必要があります。

全社戦略の策定には、さまざまな考え方がありますが、H.I.アンゾフによって提唱された「成長マトリクス」では、経営戦略上の位置づけを行うために、市場と製品の組み合わせによって、4つの領域に分類しています。

ここでは、この4つの戦略を簡単にご紹介したいと思います。

① 市場浸透戦略

既存市場に既存商品・サービスを投入して、成長を図っていく戦略です。これは商品・サービスも市場も既存であるゆえに、相当の目新しさ、アピー

ル度を訴求しないと難しい戦略でもあります。

②市場開拓戦略

　既存商品・サービスの新規市場開拓を目的とした戦略です。たとえば、小売業が異なる地域に出店する等のエリア拡大や新ブランドを立ち上げ、異なる購買層を開拓することが考えられます。

③新商品・サービス開発戦略

　既存の市場の強みを活かして、新規商品・サービスを投入していく戦略です。この戦略のメリットは、既存のチャネルと顧客を利用することで販売コストの低減が図れることです。

④多角化戦略

　新規商品、サービスを開発し、新規市場へ投入して成長を図る拡大戦略です。未開拓な分野への参入はリスクも大きい一方で、大きなリターンが望めます。多角化戦略を行う際に有効な手段としては、M&Aやフランチャイズへの参入等が考えられます。既存事業に関連する多角化は、今まで培ってきたノウハウを活かすことでシナジー効果が得られ、事業規模の拡大による生産効率の向上、研究開発・生産技術等の有効活用により、高い収益率が得られるというメリットがあります。

（3）経営戦略（個別戦略）の策定

　全社戦略は、会社が戦う事業領域（事業ドメイン）を設定し、会社のヒト、モノ、カネ、情報といったリソースをどう配分して、いかに戦うかを決定するものです。会社は組織で構成されているため、全社戦略を各事業や部門に戦略を落とし込んでいく必要があります。全社戦略と個別戦略をあわせることで初めて、実効性のある戦略が構築できるといえます。

　会社が複数の事業を営んでいる場合、事業ごとに戦略を策定する必要があります。事業戦略は、商品・サービスごとにターゲットとする市場や顧客層にいかに展開していくか、より個別具体的に策定することになります。

　また、会社は事業単位だけではなく、財務や人事、システム（IT）、研究

開発といった横串の機能により成り立っています。機能戦略は、機能ごとの視点から戦略を策定します。たとえば、財務の機能では、いかに資金を調達していくか、システムの機能からは、全社的なITインフラをどう整備するか、といったことが考えられます。

（4）策定上の留意点

　どのような戦略をとるとしても、自社の強み・得意分野を活かすことが重要です。今まで培ってきたノウハウやアイデアをもとに事業展開できなければ、経営目標を達成する前に頓挫してしまいます。

　また、たとえ成長分野であっても、大企業が進出する可能性の高い分野はその資本力において経営格差がつきやすく、成長は難しくなります。大企業にとっては魅力のないニッチこそが中堅・中小企業の事業ドメインとしてふさわしいともいえます。

　経営戦略を実行し経営目標を達成するためには、ヒト・モノ・カネ・情報といった自社のリソースを有効に配分していく必要がありますが、とくにヒトの活用は重要です。自社がとる戦略をどのような人的資源を活用し、どのような組織構造で展開していくかを決めないことには、戦略は成り立ちません。

3. 経営計画の策定

　経営戦略が決まれば、定量的な要素に落とし込み、経営計画を取りまとめていきます。全社の数値計画（損益計算書、貸借対照表、キャッシュフロー計算書）はもちろんですが、各部門ごとの数値や計画の進捗状況を図る指標を設定します。

　また、実際に計画を実行していく上での責任者、担当者を決め、個別具体的なアクションプランを作成することで、実行性のある経営計画がまとまります。

なお、一般的に経営計画は、3年から5年間の計画を策定しますが、計画年度が始まる前までに、実績を勘案して策定をすることが望ましいでしょう。

4. 意味のある経営計画にするために

　経営計画を策定するには時間も労力もかかるため、一度完成するとそれで満足してしまいがちですが、経営計画は経営ビジョンを達成させるためのツールです。経営環境が著しく変化する昨今、経営計画を策定した当時の環境が変わることはあり得る話ですし、100％計画どおりに進むことはまずあり得ません。計画未達の状態が続くことで、計画達成への従業員の意識が希薄になり、計画自体が形骸化してしまうことも考えられます。

　モニタリングを実施し、計画から大きな乖離があれば、原因分析を行い、自社での実行に問題が生じているのか、そもそも戦略自体を練り直さなくてはならないのか、経営者は常に意識する必要があります。

　ここで、モニタリングとは、計画上の経営指標や設定したKPIについて計画値と実績値の乖離を把握し、対応策を講じることをいいます。

　実際、経営計画にあるすべての内容を追いかけることは時間もかかるため、モニタリングでは、どの経営指標、数値をモニタリングすべきかというモニタリングの範囲と、どの程度の乖離が生じた場合に対応を検討すべきか、というモニタリングの基準を設定することが重要です。

第4章

資金は会社にとっての血液 資金調達

第1節

成長のために必要な資金調達

「会社が成長する＝売上が増える」と考えた場合、どんな会社においてもまずは「先行投資」のための資金調達が必要となります。たとえば、小売業において売上を増やすためには、店舗の出店費用（不動産賃借料や店舗造作費用、人件費等）や商品の仕入れ代等を先行して支払わなければいけません。製造業においても、製造設備への投資資金や材料費、人件費等の支払いが先行します。比較的先行投資が少なくて済むと言われているサービス業においても、やはり売上を伸ばすには事務所の賃借料や人件費等が必要であり、先行投資がまったく不要というわけではありません。

会社が成長するための先行投資の資金を「どこからどうやって調達するか」は、いかなる会社においても共通のテーマといえます。

資金調達方法としてまず思いつくのは、「資金を自前で用意する」ことかと思われます。当然、事業を行う上での資金を自らすべて用意することができれば、他人からお金を借りたりする必要もないため、借入金返済のプレッシャーも無く、利息等のコストも発生しないため、安全・安心な資金調達方法といえます。

しかし、通常、事業に必要な資金をすべて自ら用意することは容易ではなく、仮に用意できたとしても、よほどの資産家ではない限り確保できる資金には限りがあり、必要額に達するとは限りません。日々の事業から獲得される利益（資金）を貯めて、次の大規模な投資にあてることも可能ですが、そ

の場合には資金が貯まるまでに相当な時間を要し、資金を貯めている間に肝心のビジネスチャンスを逃してしまうことも考えられます。

会社が効率よく成長するためには、先行投資のための資金を「必要な分だけ」、「タイムリーに」調達することが必要不可欠となります。

第2節 資金調達の種類

1. 資金調達の方法は？

資金調達の方法は数多くありますが、資金調達の方法を大別すると、「デットファイナンス」と「エクイティファイナンス」の2つに分類されます。

「デットファイナンス」の「デット（Debt）」とは、「負債」を意味し、「デットファイナンス」とは、「負債による資金調達」を意味します。銀行等の金融機関からの借入がデットファイナンスの代表格になります。

一方、「エクイティファイナンス」の「エクイティ（Equity）」とは「株式」を意味し、エクイティファイナンスとは「株式による資金調達」を意味します。株式を発行すること等による資金調達がエクイティファイナンスの代表格になります。

両者はいずれも資金を調達する手段という点では同じですが、調達した資金が「負債（デット）」か、「株式（エクイティ）」かで、資金の出し手側、受け手側双方にとってその後の取り扱いが大きく異なります。

資金の受け手（資金調達を行った側）、出し手（資金を提供した側）の各々からみたデットファイナンスとエクイティファイナンスの主な取り扱いの違いは以下のとおりです。

図表4-1　デットファイナンスとエクイティファイナンスの違い

<資金の受け手（資金調達を行った側）からみた取り扱いの違い>

デットファイナンス	エクイティファイナンス
●将来、返済しなければならない。 ●定期的にあらかじめ約束された利息を支払わなければならない。 ●担保や保証を提供しなければならない場合がある。 ●資金の出し手から株主総会等で企業の意思決定に直接的な関与を受けることはない。	●返済は不要。 ●毎年、利益配当が求められるが、利益がなければ配当しないことも可能。 ●担保や保証が求められることはない。 ●資金の出し手は株主総会での議決権をもつため、会社の意思決定に他の資金の出し手の意向が反映される。

<資金の出し手（資金を提供した側）からみた取り扱いの違い>

デットファイナンス	エクイティファイナンス
●将来、元本の回収が約束されている。 ●定期的に安定した利息収入を受けとることができる。 ●担保や保証をとることにより、貸し倒れに備えることができる。 ●資金の提供先（受け手）が破たんした場合には、株式に優先して弁済を受けることができる。 ●資金の提供先（受け手）の経営に直接的に関与することはできない。	●元本の回収は予定されていない。 ●資金の提供先（受け手）の業績が良ければ多額の利益配当を受けることができるが、利益がなければ配当を受けられない可能性もある。 ●基本的に、担保や保証をとることはできない。 ●資金の提供先（受け手）が破たんした場合には、デットの返済が完了してからでないと、元本を回収することはできない。 ●資金の提供先（受け手）の株主総会で議決権を行使することにより、会社の意思決定に直接的に関与することができる。

　図表4-1のとおり、エクイティファイナンスの場合、資金の受け手にとっては、返済不要、利息負担無し、担保（保証）提供無し、という点で資金調達手段としてはよいことばかりのようにみえます。一方で、返済が予定されていない、定期的に安定した収益（配当）が約束されていない、会社が破綻した場合の元本回収（残余財産の分配）もデットに劣後するということで、総じて資金の出し手にとっては「リスクが高い」方法といえます。リスクが高い分、資金の出し手は少なくともデットよりも高い利回り（配当）を要求することになるため、資金の受け手にとっても、エクイティファイナンスで

資金を調達した場合には、資金の出し手が要求するパフォーマンス（配当）をクリアする必要があります。

2. 自社にあった資金調達の方法とは？

　上述したように、会社の資金調達方法は大きくデット（負債）とエクイティ（株式）の二通りがあり、各々においてさらにいくつもの資金調達の方法があります（詳細は後述）。

　一方、資金を必要とする会社にとっても、最適な資金調達の方法は業種（製造業、小売業、サービス業等）、資金使途（運転資金、設備投資資金等）、成長ステージによってさまざまです。したがって、資金調達を考えた場合には、自社の状況（業種、資金使途、成長ステージ、信用力、成長性等）を客観的に分析し、自社の現状にあった最適な資金調達方法を選択することが重要といえます。各成長ステージで必要と考えられる資金の種類と、それに適した資金調達の方法は以下のとおりです。

（1）創業期①の場合

　創業期でも会社ができたばかり、もしくは設立しようとしている状態で、ビジネスのアイデア（シード）はあるものの、ビジネスとしては準備段階であり、まだスタートしていない状態です。ベンチャー企業ではシードステージともいいます。このステージの場合、まず必要となるのは創業資金であり、本社オフィスの敷金や家賃、ビジネスが軌道に乗るまでの人件費や諸経費、設備や備品の購入資金等がこれに該当します。

　当然ながら、銀行等の金融機関に対する信用力がないため、金融機関からの借入（デットファイナンス）での資金調達は非常に難しいものといえます。したがって、このステージでの資金調達は基本的には創業者の自己資金や創業者の親族、知人からの調達がメインとなります。創業者の親族、知人からの資金調達の方法はデットとエクイティの両方が考えられますが、デットの場合

は借入後から利息の支払いが発生するため、資金繰りに不安のある会社にとっては、エクイティの方が資金繰りの観点からは負担が少ない方法といえます。

(2) 創業期②の場合

　創業からビジネスがスタートしたものの、まだまだ事業規模は非常に小さい状態です。ベンチャー企業では、アーリーステージともいいます。このステージの場合、ビジネスが軌道に乗ると、非常に速いスピードで事業規模が拡大するため、多くの会社にとって必要な資金は「運転資金」となります。「運転資金」とは、仕入れや人件費、経費等の支払い等、日々の業務を遂行（運転）するために必要な資金です。たとえば、商品を仕入れて販売する会社を想定した場合、最初に必要となるのは販売する商品を購入する（仕入れる）ことです。その後、仕入れた商品は在庫として一定期間会社内で保管された上で、顧客に出荷（販売）されます。出荷後、販売代金の回収が行われることで、会社に販売代金が現金で入ってきますが、それまでの間に仕入代金の支払いやその間に発生した人件費や諸経費を支払わなければなりません。この、販売代金が回収されるまでの間に不足する資金のことを運転資金といいます。

　とくに事業が成長段階に入りつつあり、売上が年々増加している会社にとっては、売上金の回収よりも仕入や諸経費の支払いが先行するため、運転資金が不足しがちになります。したがって、運転資金の調達は成長期に入ろうとしている会社にとっては重要なテーマとなります。

図表4-2　運転資金のイメージ

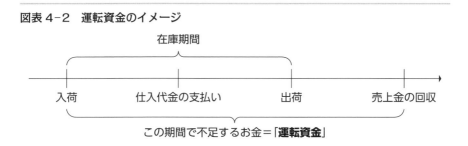

運転資金は必要とする期間がそれほど長くはないため、会社にある程度の信用力があれば、金融機関からの短期の借入金でまかなうケースが一般的といえます。

　ただし、今後もビジネスに非常に高い成長性があり、運転資金だけでなく事業拡大のための大規模な投資資金が必要な局面の場合には、今後の成長のための資金をエクイティで調達することも有効です。この場合、株式を取引先企業等に発行し、大規模な資金調達を受けることも考えられますが、このようなステージの会社を中心に投資資金を供給するベンチャーキャピタルに投資を仰ぐのも手段の1つとして考えられます。

　なお、このステージの会社においてもデットで投資資金を調達することは考えられますが、一般的にまだまだ財務体力が十分ではなく、金融機関からの信用力も乏しいため、デットによって投資資金を調達することは難しい場合が一般的です。

（3）成長期の場合

　成長期にある会社は、事業が安定し、今後も急速な成長が見込める段階になります。このステージになると、金融機関からの信用力もそれなりについている状態であるため、よほど多額でない限り金融機関からのデットによる資金調達（借入等）も比較的安定的に行うことができます。

　一方で、一度急激な成長を遂げた後は、成長曲線が緩やかになり、今後の急激な成長が見込めない状態にもなります。こうした状況を打破するために、大規模な設備投資やM&Aを行うことも考えられます。多額の投資資金の調達が必要となりますが、この場合の資金調達の方法としては、デットとエクイティの両方のケースが考えられます。ただし、双方に共通していえることは、このケースで必要となる資金は「多額」であり「長期」であるという点です。大規模な投資であるため、「多額」であることは容易に想像つきますが、同時に調達した資金は「長期」であることが必要となります。これは、設備投資やM&Aによる投資資金は回収するまでに数年間かかることが通常

であり、投資資金の回収が終わっていない段階で、投資資金の返済や回収が求められた場合には、会社が一気に資金不足に陥るためです。

したがって、「多額」かつ「長期」の資金をデットで調達する場合には、通常の金融機関からの借入のほか、社債の発行（詳細は後述）等の手段が考えられます。また、「多額」かつ「長期」の資金をエクイティで調達する場合には、資金力のある出し手に株式を発行し、増資を受ける方法や、IPOにより資金調達をすることも有効な方法といえます。

（4）成熟期の場合

成熟期では、成長が頭打ちになり業績は横ばい、あるいは緩やかに衰退しつつある段階を指します。成熟期にある会社は社歴も長くなっていることが多く、「老舗企業」と呼ばれるようにもなります。このステージの場合、現在の市場では成長余地がないため、新たな市場を開拓することが必要となります。その場合、必要な資金としては成長期と同様、M&Aのための投資資金のほか、たとえば海外や異業種への進出等のための投資資金等がありますが、

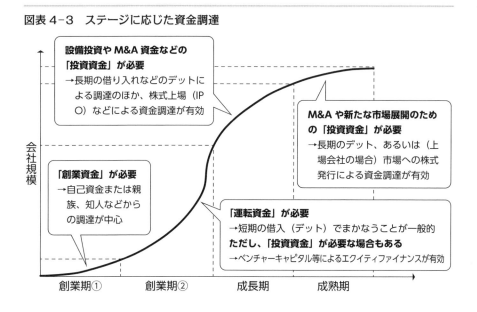

図表 4-3　ステージに応じた資金調達

これら投資資金についても成長期と同様、「多額」かつ「長期」の資金が必要となります。したがって、長期の借入金や社債等のデットでの調達が考えられますし、すでに上場している会社の場合には市場に対する新たな株式発行による資金調達等の手段も想定されます。

一方で、成熟期にある会社は、今後の成長性が見込みづらい段階であるため、IPOによる資金調達を目指すためには、第二・第三の成長戦略を描く必要があります。

第3節 デットファイナンスの手法

本節ではデットファイナンスの手法について、詳しく説明したいと思います。デットファイナンスは「返済しなければいけない」、「利息が発生する」、「担保(保証)が求められる」等の特徴がありますが、そのなかでもさまざまな手法があります。デットファイナンスの代表的な手法として、「借入」、「リース」、「社債」等があげられます。

1. 借入

借入は、貸手が求める信用力さえ満たせば会社の規模や上場・非上場を問わずに行うことができるため、デットファイナンスの手法としては最もポピュラーな方法といえます。個人や取引先から借入を行う場合もありますが、ここではそのなかでも最も広く一般に浸透している「金融機関から借入を行う場合」の進め方やその際の留意点等をご紹介します。

(1) どこから借りるか?

金融機関からの借入を考えた場合、まず考えなければいけないのは「どこ

の金融機関から借りるか？」という点です。通常、会社には取引関係が最も親密な「メインバンク」と呼ばれる金融機関があり、借入を考えた場合にはまずはメインバンクに相談するのが最初のステップとなります。ただし、メインバンクはとくに法律等で決まるものではないため、メインバンクがない、あるいはこれから事業を立ち上げるのでメインバンクが決まっていない会社もあります。メインバンクは金融機関の信用力、会社の事業への理解度、担当者（担当支店）の対応度合い等をみて決めるのが一般的です。

　また、メインバンクが決まっている会社であっても、メインバンク一行だけと取引を行っている場合は少なく、多くの会社はメインバンク以外に複数行と取引を行っています。金融機関からの借入を考えた場合にはメインバンクに相談しつつ他の金融機関にも相談し、その支援姿勢（融資に積極的かどうか？）、取引条件（金利や返済条件、担保や保証の要否）をみきわめて借入先を決定します。

（2）借入に必要な書類は？

　借入先が決まると、次は借入に必要な書類を金融機関に提出します。借入を行う場合には融資申込書や契約書等の契約書面のほか、金融機関での融資判断に必要な情報として以下のような書類の提出を求められる場合があります。

①会社案内
②定款
③会社登記簿
④印鑑証明書
⑤資金使途説明資料
⑥決算書や試算表等の財務資料
⑦資金繰り表
⑧不動産登記簿（担保となる不動産がある場合）
⑨経営計画・事業計画書

図表4-4 一般的な資金繰り表のフォーム

項目		4月	5月	6月	7月	8月	9月	10月	11月	12月	1月	2月	3月
前月残高													
経常収支	売掛金回収												
	手形回収												
	経常収入合計												
	買掛金支払												
	手形支払												
	給与支払												
	経費支払												
	社会保険料支払												
	税金支払												
	経常支出合計												
	経常収支												
財務収支	借入収入												
	増資収入												
	財務収入												
	借入金返済												
	財務支出												
	財務収支												
収支合計													
当月残高													

　図表4-4は通常の会社であれば新たに作成する必要はありませんが、会社によっては「⑦資金繰り表」や「⑨経営計画・事業計画書」等を作成していない場合もあるため、その場合には新たに作成する必要があります。なお、第3章で経営計画について記載しましたが、ここでいう事業計画書は詳細な数値の説明まで記載したものが必要となります。

(3) 借入後の対応は？

　メインバンクに限らず、金融機関とは長期に渡り良好な関係を築くことが

望ましいため、借入後も定期的に会社の状況や資金の状況については情報開示を行うことが望まれます。多くは会社の決算が確定した段階で決算書等を金融機関に提出するとともに、会社の状況等を報告しますが、月次や四半期ごとに金融機関に対し業績の報告を行うケースもあります。

(4) 担保や保証について

　金融機関から借入を行うには、金融機関が融資を行うに足る「信用力」が必要です。信用力とは、「借りたお金は必ず返すことができる」と金融機関側に信用してもらうための要素のことをいいます。

　信用力は基本的には会社自体の規模や財務体力に基づいて判断されますが、それだけでは信用力が不足する場合、担保や保証を提供することで信用力を補完するケースがあります。

　担保の目的となる資産については、土地や建物等の不動産、または機械設備等が一般的ですが、それ以外にも定期預金や有価証券等の換金性の高い資産や売掛金、貸付金等の金銭債権、在庫等の動産が担保として提供されるケースもあります。

　保証に関しては、これまでは経営者が会社の借入金の保証人となるケースが多く、現在もその傾向は強く残っています。しかし、このような経営者による債務保証は、わが国において起業を行う場合の大きな阻害要因になるとの考えから、最近は経営者による保証は必ずしも求めない流れになりつつあります。

　また、中小企業の場合には、一定額を限度に信用保証協会による保証を受けることができます。創業後間もない状態で担保となり得る資産等がない会

図表4-5　担保と保証

担保	債務の弁済が滞った場合、特定の財産を処分（売却）し、これにより得たお金を特定の債権者の弁済に充当すること
保証	債務の弁済が滞った場合、債務者以外の第三者（保証人）が債務者の代わりに債務の弁済を行うこと

社の場合には、信用力を補完する有効な手段となります。

2. リース

リースは主に設備投資を行う場合に利用されます。リースの場合、契約を締結した時点ではお金の移動は発生しませんが、リース契約を締結することにより設備投資が行われ、設備代金は毎月のリース料として分割して返済されます。したがって、実体上は「お金を借りて設備投資を行っている」のとほぼ同じ状態となる場合があるため、リースもデットファイナンスの手法の1つといえます。

リース契約を締結する場合、リース料には設備自体の代金の他、リース会社の「儲け」である金利部分も含まれているため、リース契約を締結する場合には、同じ金額、期間での借入を行った場合の金利等の条件を比較するべきでしょう。

なお、リース契約は事実上、対象資産が担保に入っているケースが多く、リース料の支払いが滞った場合には対象資産の差し押さえられる場合があるので留意が必要です。

3. 社債

社債は、金融機関等特定の相手先に限定せず、広く投資家から資金を調達する際に利用されます。社債を発行して資金調達を行った場合、発行会社は社債期間中、定期的に利息を投資家に支払うとともに、社債期間が満了となると、会社は社債を「償還」し、調達した資金を投資家に返済します。利息を支払う、調達した資金を将来返済するという点では借入やリースと同じであるため、社債もデットファイナンスの手法の1つとして位置づけられます。

社債は借入やリースとは異なり、不特定多数の投資家から資金を調達することを想定しているため、比較的大規模な投資を行う場合に利用されます。

また、社債を発行した場合、発行会社は「社債券」と呼ばれる証券を投資家に発行し、投資家は基本的には社債券を自由に売買することができるため、社債を保有する投資家は社債の償還の他、社債を譲渡することにより投資額を回収することもできます。

　したがって、社債は借入やリースと比べて利害関係者が多くなるため、どんな会社でも無条件に発行できるわけではありません。社債を「公募」（不特定多数の一般投資家に発行）する場合には有価証券届出書等の書類の作成と開示が必要となる等さまざまな規制をクリアする必要があります。

　ただし、募集人数が50名未満の少人数の「私募」であれば、公募のような規制はありません。

4. その他のデットファイナンス手法

(1) 手形割引

　手形割引とは、他社から受領した手形を手形期日前に銀行等に持ち込み、手形期日前に資金化することをいいます。手形期日前に資金化するため、通常は手形の額面金額よりも減額して（割り引いて）資金化されます。減額される金額は、手形の持ち込み日から手形期日までの期間に係る利息としての意味合いをもつため、実体としては手形を担保とした借入金とみることもできます。通常、手形の期間は数カ月程度のため、手形割引の期間はそれよりも短い期間となります。したがって、手形割引は通常は短期の資金需要を満たすために利用されます。

　なお、手形割引を行った場合で、手形の振り出し元が債務不履行となった場合には、手形割引を行った会社が手形金額の弁済義務を負うため、手形割引を行ったとしても、手形の回収不能リスクがすべて免除されるわけではありません。

（2）ファクタリング

　ファクタリングとは、売掛金等の金銭債権を業者（ファクタリング会社等）に買い取ってもらうことで、債権の回収期日よりも前に現金化する取引をいいます。この際に、金銭債権の回収リスク（回収できず、貸し倒れるリスク）はファクタリング会社が負担することになるため、会社にとっては金銭債権を早期に資金化できるとともに、手形割引のような潜在的な債務負担を免れるというメリットがあります。

　ただし、ファクタリングの場合も手形割引と同様、金銭債権の譲渡日から債権の回収期日までの期間に相当する利息や、債権の貸し倒れリスク等を考慮した金銭債権の「割引き」が行われます。したがって、ファクタリングを行った場合に実際に手にすることができる現金は債権金額から利息やリスクに相当する金額が控除された金額となります。

（3）コマーシャルペーパー

　コマーシャルペーパーとは、会社が広く一般投資家から短期的な資金を調達するために発行する手形をいいます。一般投資家から資金を調達するという点では社債と共通していますが、通常、コマーシャルペーパーは短期（1年未満程度）であるため、短期的な資金調達の手段として用いられます。

　コマーシャルペーパーは通常、無担保で発行されるため、発行企業も信用力の高い優良企業に限定されます。

第4節　エクイティファイナンス

　「増資」等株式を発行することによる資金調達が代表的なエクイティファイナンスの手法となります。本節では、エクイティファイナンスの特徴や手法等について詳しく解説したいと思います。

1. エクイティファイナンスの特徴

　エクイティファイナンスは資金調達の手法という点ではデットファイナンスと同様ですが、デットファイナンスのような返済義務や利息負担はなく、担保や保証が求められることもありません。一方で、エクイティファイナンスによる資金調達を行った場合には資金調達額に応じて対象会社（資金の受け手側の会社）の株式が発行されるため、エクイティファイナンスにおける資金の出し手は出資額に応じた対象会社の株式を保有することになります。

　株式は株式会社の所有者としての地位を表し、基本的に株主総会では株主に対し、保有する株式数に応じた議決権が与えられています。

　したがって、エクイティファイナンスによる資金調達を進めた場合、既存の株主にとっては株主総会での議決権の割合の低下を意味することになります。株主総会は株式会社の最高意思決定機関であり、取締役や監査役等の役員の人事も株主総会で決定されます。つまり、株主総会での議決権の比率は会社の支配権の比率と同義であるため、エクイティファイナンスによる資金調達を進める場合には、一方で会社支配権の維持という要素を考慮に入れる必要があります。

　また、上述のとおりエクイティファイナンスの場合には利息負担は発生しませんが、株式会社では定期的に株主から獲得した利益の配分が求められます（「利益配当」といいます）。利益配当額は基本的には会社が得た利益に応じて決定され、配当可能な金額は会社法による規制を受けます。したがって、利益がなければ利益配当を行わない場合もあり得るため、利益の多寡に関係なく課される利息とはこの点が大きく異なります。ただし、先述したとおり、エクイティファイナンスの場合の要求利回り（配当）は理屈上はデットの場合よりも高いものとなります。したがって、エクイティファイナンスにより資金調達を行った場合には少なくともデットの利子率よりも高いパフォーマンス（配当）を行う必要があるため、これをクリアすることができない経営者（取締役）は株主総会決議により解任される可能性があります。

図表 4-6　株式会社の基本構造

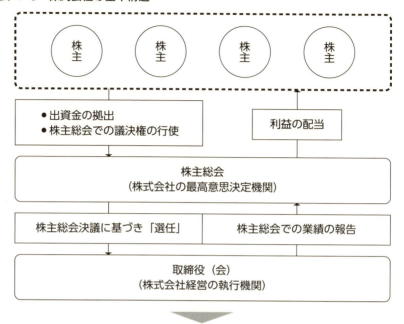

2. エクイティファイナンスの種類

(1) 普通株式の発行

　普通株式の発行による資金調達はエクイティファイナンスのなかで最もポピュラーな方法です。普通株式とは株主権（株主総会での議決権や利益配当を受ける権利等）の行使に際し、特に制限や優越的な取り扱いが定められていない株式です。したがって、普通株式は1株につき1個の株主総会における議決権が付与され、利益配当も株式数に応じて行われます。会社法上、会社が発行できる株式（発行可能株式総数）は定款で決めることとされており、発行可能株式総数の範囲内であれば、企業は株主総会または取締役（会）の決議により新株を自由に発行することができます。
　普通株式の発行は株式の割当先に応じて「株主割当増資」と「第三者割当

増資」に分類されます。各々の内容は以下のとおりです。

　　株主割当増資…既存株主に対し持株割合に応じて新株式を割り当てる
　　　　　　　　増資
　　第三者割当増資…親会社や従業員、取引先等既存株主以外の特定の第三
　　　　　　　　　者に対し新たに新株式を割り当てて行う増資

　株主割当増資の場合は、会社の持株比率は大きく変動しないため、既存株主の利益を害することは基本的にはないと考えられています。一方、第三者割当増資を行った場合で、今の株式価値に比べて著しく割安な価格で新株式の発行を行った場合、既存株主は不当に議決権比率や配当を受ける権利が低下する等の不利益を被ります。したがって、既存株主の利益を保護するために、会社法ではこのような増資を行う場合には株主総会でその理由を開示し、募集条項（発行株式数や払込み金額）について特別決議（議決権の2/3以上の賛成）を得る必要があります。

（2）種類株式

　通常、株式会社が発行する株式は「普通株式」であることが一般的ですが、会社法上は定款の定めに基づいて剰余金の配当や残余財産の分配、議決権の行使等の場面において、普通株式よりも優先あるいは劣後する株式を発行することができます。このような株式は普通株式に対し、「種類株式」と呼ばれ、種類株式を発行することによりエクイティファイナンスの資金の出し手の意向に応じた柔軟な資金調達を行うことが可能となります。

　代表的な種類株式には「配当優先株式」があります（会社法第108条1項1号）。配当優先株式とは、普通株式に優先して、利益の配当を受けることができる株式をいいます。通常、配当優先株式は株主総会での議決権を制限されている場合が多く、この場合には、毎年ある程度確定した利益配当を受けることができる一方で、株主総会での議決権行使が制限されるという特性か

ら、エクイティファイナンスのなかでも比較的デットファイナンスに近い性質をもっている株式といえます。

その他、会社法においては以下の事項について普通株式とは異なる定めをした種類の株式の発行が認められています。

なお、デットファイナンスのなかでも「劣後債」と呼ばれる債務弁済の順位が他の債権者よりも劣後する債券もあります。これはデットファイナンスのなかでも比較的エクイティファイナンスに近い性質をもつものといえます。

(3) 新株予約権

新株予約権とは、将来的に会社に対し特定の価格で新株を取得することができる権利をいいます。新株予約権は、新たに発行することで新株予約権の

図表4-7 会社法における種類株式

異なる定めをすることができる事項	根拠法令
残余財産の分配	会社法第108条1項2号
株主総会において議決権を行使することができる事項	会社法第108条1項3号
譲渡による株式の取得について、当該株式会社の承認を要すること	会社法第108条1項4号
当該種類の株式について、株主が当該株式会社に対してその取得を請求することができること（いわゆる「取得請求権付種類株式」）	会社法第108条1項5号
当該種類の株式について、当該株式会社が一定の事由が生じたことを条件としてこれを取得することができること（いわゆる「取得条項付種類株式」）	会社法第108条1項6号
当該種類の株式について、当該株式会社が株主総会の決議によってその全部を取得すること（いわゆる「全部取得条項付種類株式」）	会社法第108条1項7号
株主総会において決議すべき事項のうち、当該決議のほか、当該種類の株式の種類株主を構成員とする種類株主総会の決議があることを必要とするもの（いわゆる「黄金株」）	会社法第108条1項8号
当該種類の株式の種類株式を構成員とする種類株主総会において取締役又は監査役を選任すること（いわゆる「役員選任権付株式」）	会社法第108条1項9号

価値に相当する金額の資金調達を行うことが可能であり、また、新株予約権が実際に行使された際には新たに株式を発行するため、これを通じた資金調達が可能となります。新株予約権も、株式同様、発行するには株主総会または取締役（会）の決議が必要であり、とくに、権利行使時の払い込み金額が割安な場合には株主総会でその理由を説明するとともに、株主総会の特別決議を受ける必要があります。

　また、新株予約権は役員や従業員のインセンティブ向上のための手段として用いられることもあります。この場合の新株予約権は「ストックオプション」と呼ばれ、とくに、これからIPOを目指す場合や上場会社等において利用されます。この場合、ストックオプションを付与された新株予約権者は、将来、自社の株式を特定の価格（権利行使価格）で取得することができるため、将来の自社の株価が権利行使価格を上回っている場合には、その差額（将来の株価－権利行使価格）が新株予約権者にとっての利益になります。したがって、ストックオプションを付与された役員や従業員にとっては、自社の株価（業績）を向上させようというインセンティブが働くことが期待できます。

（4）新株予約権付社債

　新株予約権付社債とは、新株予約権が付された社債をいい、社債の償還期限が到来した時点で株式に転換することができる社債をいいます。投資家にとっては、新株予約権付社債は社債のメリットである「安定した利息収入」と「額面金額での償還」が約束されている一方で、株式に転換できる権利（オプション）も付与されています。したがって、投資家にとってメリットが大きい分、会社にとっては利息を低く抑えることができるため、一般的に新株予約権付社債によると低コストで資金を調達することが可能となります。

　以上のように、エクイティファイナンスにもさまざまな手法が存在します。どの手法を選択するかは、会社のおかれた状況等によりさまざまですが、共

通していえることは、エクイティファイナンスによる資金調達額と会社の支配権は基本的にはトレードオフの関係にあるということです。

上記関係を踏まえつつ、エクイティファイナンスによる資金調達を成功させるには、入念な資本政策の立案と検討が欠かせません。次節ではその「資本政策」の立案と検討について、留意すべき点等をご紹介します。

第5節 資本政策立案のポイント

「資本政策」とは、会社が増資を行う場合や、株主間で相続等が発生する場合等、会社の株主構成に変更が生じる局面において、会社にとって最適な資本構成をシミュレーションするとともに、その結果導き出された最適な資本構成を実現するために株式譲渡や増資等さまざまなスキームを実行する一連のプロセスをいいます。

本節では、資本政策を検討する上で留意すべき点や資本政策の検討手順等をご紹介します。

1. 資本政策の目的

前述したように、既存株主以外の第三者に対し、エクイティファイナンスによる資金調達を進めた場合、既存株主にとっては、株主総会での議決権比率の低下という不利益が生じます。このように資金調達額と会社の支配権の維持には一般的にトレードオフの関係が存在するため、会社の成長ステージに応じてバランスをとる必要があります。最適な資金調達の実行と会社支配権の維持という2つの相反する目的を達成することが資本政策を検討する上での大きなポイントです。

また、資本政策を立案する際には、資金調達や会社支配権の維持以外に

も、たとえば以下のような要素を考慮する場合があります。

① (IPOまたは株式売却を想定した場合) 創業者利潤の獲得
② (IPOを目指す場合) 上場基準の充足
③ (オーナー経営者が引退を考えた場合) 事業承継、相続税対策
④ 従業員のインセンティブ向上

2. 資本政策立案の検討手順

資本政策の検討手順を要約すると、以下のとおりとなります。以下、手順について詳しく解説します。

(1) 経営計画の策定

資金調達を目的として資本政策を立案する場合、まず経営計画を策定し、

図表4-8 資本政策の検討手順

手順	(留意点)
手順1：経営計画の策定	●経営計画を作成し、必要な資金調達時期、調達額を把握する。 ●本来、経営計画は資金調達時に限らず、作成することが望ましい。
手順2：株式価値の評価	●非上場の場合は株式価値は自ら計算しなければいけない。 ●計算手法はいくつかあり、計算の仕方で評価結果も変わる。 ●会社と利害関係のある者に増資をする場合は、税法上の規制にも注意が必要。
手順3：株式の引受先の選定	●経営の安定を維持する上で、株式の引受け先候補の特性を知ることは重要。 ●注意すべきポイントは、「長期保有を予定しているか？」、「自社の経営方針に賛同しているか？」など。
手順4：増資のシミュレーション	●資本政策は「一度やったらやり直せない」ため、入念なシミュレーションを行う。 ●株主総会の決議のラインである「1/3」、「過半数」、「2/3」に注意する。

今後の成長のために必要な資金調達額と調達時期を具体的に把握することが必要となります。なお、第3章で記載したとおり、経営計画は資金調達目的に限らず会社の今後の方向性を指し示す「羅針盤」として、作成することが望ましいものといえますが、とくに資金調達を目的とした場合、経営計画は投資家から出資を募る際の説明資料にもなるため、「投資家目線で分かりやすく」作成することが重要となります。

（2）株式価値の評価

　経営計画を作成し、必要な資金調達額や資金調達時期がおおよそ把握できた段階で、将来（資金調達時期）の自社の1株当たりの株式価値を評価します。ここで留意しなければならないのは、上場会社の場合は株式市場において、需要と供給のバランスにより株式価値は客観的に決定されますが、非上場会社の株式の場合には市場取引に基づく株価が存在しないため、株価は一定の評価手法に基づいて「計算」しなければならないという点です。この場合、株式の価値を評価する方法は1つではなく、評価方法によって株式価値は大きく変わります。実務上よく使われる主な株式価値の評価方法は図表4-9のとおりです。

　図表4-9の①〜③の評価方法は非上場の株式をまったく利害関係のない第三者に発行する場合に用いられる株式評価の方法ですが、会社と特別な利害関係を有する者（同族株主等）に対し株式を発行する場合には、発行価格について税法に基づく規制を受けます。これは、会社と特別な利害関係を有する株主に対し株式を発行する場合に、株価を恣意的に決定することで、不当に租税負担を回避することを防止することが目的です。

　したがって、会社と特別な利害関係を有する者に株式を発行する場合には、発行価格が税法に基づく評価額と照らして妥当な金額であることが必要となります。税法に基づく評価額と比較して不相応に高いあるいは安い金額で株式を発行した場合には、その差額が寄附金あるいは受贈益と認定され、思わぬ追徴課税を受けることもあります。

図表4-9 株式価値の評価方法

評価方法	内容
①純資産法	貸借対照表の純資産の金額を発行済み株式総数で割ることで1株当たりの株式価値を算定する方法です。純資産法のなかでも貸借対照表上の純資産の金額をそのまま使用する方法を「簿価純資産法」といい、貸借対照表上の純資産の金額を基礎として有価証券や土地等時価が存在する資産の含み損益等を考慮した純資産を使用する方法を「時価純資産法」といいます。 これらはいずれも、会社の一時点での財産価値を重視した方法であり、会社の収益性や将来の成長性等はあまり考慮されません。ただし、純資産法は算定が非常に簡便であり、その時点の企業価値を表す尺度として明確であることから、実務上よく使われる方法の1つです。
②類似会社比準法	類似会社比準法とは、上場している類似企業の株価を参考にして、自社の株式価値を評価する方法です。具体的には、類似会社の株価と1株当たり当期純利益や1株当たり純資産金額との比率を算定し、これを評価対象会社の1株当たり当期純利益や1株当たり純資産金額に当てはめることで、評価対象会社の1株当たり株式価値を算定します。 類似会社比準法の場合は、評価の指標に実際に上場している会社の株価を用いるため、対象会社の株式市場で形成される株価を簡便的に試算できるというメリットがあります。一方で、評価の指標となる類似会社の選定結果によって評価結果が大きく変わってくるため、類似会社の選定が適切ではないと、評価結果も誤ったものとなります。とくに、ベンチャー企業等新たなビジネスを立ち上げた場合には類似企業が存在しない場合が多く、そのような場合には類似会社比準方式を利用することが困難になります。
③DCF法	DCF法とは、ディスカウンテッド・キャッシュ・フロー（Discounted Cash Flow）法の略であり、会社が将来獲得するキャッシュ・フローを現在の価値に割り引くことで、会社の1株当たりの株式価値を算定する方法です。 DCF法は純資産法とは異なり、会社の一時点での財産価値は基本的には評価には考慮せず、将来の収益性の見通しを評価の指標として用います。具体的には、まず将来の利益計画に基づき、その会社が今後獲得するキャッシュ・フローの金額を算定します。 DCF法のメリットはとくに純資産法では考慮されない会社の将来の収益性を考慮に入れることができるため、過去の財務数値では表れない会社の将来性に基づいた株式価値の評価を行うことができます。

（3）株式の引受先の選定

　エクイティファイナンスの場合、株式の引受先が株主総会において議決権を行使することになるため、株式の引受先の選定は今後の会社の経営基盤を維持する上で重要なポイントとなります。代表的な株式の引受先とこれらに対しエクイティファイナンスを実行する際に留意すべき点は以下のとおりです。

①現経営陣とその縁故者（親戚や知人等）

とくに、創業間もない会社や中小規模の会社の場合には、「経営陣＝株主」のケースが多いかと思われます。したがって、現経営陣やその縁故者（親戚や知人等）に対し株式を発行することで資金調達を行うことは、エクイティファイナンスのなかでも比較的ポピュラーな方法といえます。

エクイティファイナンスの出し手が現経営陣やその縁故者の場合、基本的には現在の会社の経営方針や考え方に賛同している場合が多いと考えられるため、現経営陣やその縁故者にエクイティファイナンスを行った場合には、その後も引き続き安定した経営基盤が維持できるという点はメリットといえます。

一方で、現経営陣やその縁故者は「個人」であるため、一般的に大規模な資金の拠出は難しいものと考えられます。したがって、現経営陣やその縁故者にエクイティファイナンスを行った場合には、調達金額が必ずしも必要額に達するとは限らないというデメリットがあります。

また、あくまで現経営陣との個人的な繋がりに基づく資金調達であるため、なし崩し的に資金を提供し、明確な契約等は取り交わされないケースもあります。その場合には、将来において個人間でのトラブルに発展するケースもあるため、十分な注意が必要です。

②従業員

従業員がエクイティファイナンスの出し手となる場合もありますが、現経営陣等の場合と同様、個人からの出資となるため、調達できる資金には限りがあります。一方で、自社へのロイヤリティ（忠誠心）が高い場合には安定した株主として経営基盤の安定化に役立ちます。

なお、従業員による自社株式の取得の手段として、「従業員持株会制度」を利用する場合があります。従業員持株会制度とは、会社の福利厚生制度の一環であり、従業員が資金を積み立ててその積立金から自社の株式を購入する制度をいいます。従業員持株会制度を導入することによって、従業員に会社

の業績への関心をより強くもってもらい、業績向上に対するインセンティブをもってもらうという点があります。また、従業員持株会の規約に基づき、多くの従業員がもつ株主総会での議決権の行使を1つに集約することができるため、会社経営の安定化に繋がるという点もメリットの1つといえます。

③取引先

　エクイティファイナンスの出し手が取引先の場合、親会社等のグループ会社同様、資金の出し手が会社（法人）となるため、一般的に個人から調達する場合よりも大規模な資金調達を行うことが可能となります。また、取引先との関係に左右されますが、取引先が自社の事業内容や理念等を理解している場合には、比較的安定的な株主となります。また、取引先との間で資本関係をもつことにより、取引関係もいっそう強固となり、取引関係でのシナジー効果（相乗効果）が生まれることも期待できます。

　一方で、近年はとくに上場企業を中心に株式の持ち合いは解消すべきとの風潮が強くなっているため、以前ほど取引先をエクイティファイナンスの出し手とすることは容易ではありません。取引先からエクイティファイナンスを受ける際には、投資することの経済合理性（投資をすることでどのようなメリットがあるか？）が説明できなければなりません。

　また、特定の取引先との間で資本関係を形成することにより、その会社の「系列企業」とみなされる場合があり、結果、他の取引先との関係に支障をきたす場合もあります。取引先からエクイティファイナンスを受ける際には、他の取引関係への影響も慎重に見極めることが必要となります。

④投資ファンド

　投資ファンドとは、投資家から集めた資金を会社に投資し、投資先に対する経営指導等を通じて企業価値を高めた上で、最終的に投資を売却することで利益を得ることを目的とした投資家をいいます。

　なお、投資ファンドのなかでも創業後間もない会社や今後の成長性を見込

める会社を対象に投資を行い、IPO等を通じてリターンを得ることを目的とした投資ファンドを「ベンチャーキャピタル」と呼びます。一般的にベンチャーキャピタルは投資先企業に対し経営指導を行うほか、場合によっては役員等を派遣することで投資先企業の企業価値向上を図ります。

ベンチャーキャピタルは会社の成長性に着目して投資を行うため、ビジネスが成長期にある会社にとっては、必要な成長資金をタイムリーに調達できるというメリットがあります。一方で、ベンチャーキャピタルは上述したように最終的には投資を売却することを予定しているため、長期に渡り安定した株主になるとは限りません。

⑤一般投資家

株式を証券取引市場に上場させること、すなわちIPOすることで広く市場、すなわち一般投資家から資金を調達することができます。この場合は特定の個人や法人から資金調達をするのではなく、広く社会一般から資金を調達するため、大規模な資金調達を行うことが可能となります。ただしその一方で、一般投資家から資金を募るため、上場していない会社に比べて、利害関係者が格段に増加します。したがって、株式を上場させる場合には、投資家保護を目的とした金融商品取引法や証券市場のルールに基づいた規制を受けることになります。具体的には、上場会社の場合には四半期ごとに決算を広く一般に開示しなければならず、その決算開示には必ず公認会計士または監査法人による監査証明または四半期レビューを受けなければなりません。また、多数の投資家から集めた資金を適切に運用管理するために、十分な社内管理体制を構築することが求められます。

一方で、株式を上場することにより、資金調達という直接的な効果以外にも会社の知名度や信用力の向上とこれにともなう優秀な人材確保が比較的容易となる等の副次的なメリットがある点は第2章で述べたとおりです。

また、オーナー経営者にとっては株式上場により自己が保有する株式を証券市場に売り出すことが可能となるため、IPOにともない創業者利潤を得る

ことができます。

（4）増資のシミュレーション

　上記（1）〜（3）のプロセスを経て決定した必要な資金調達額や調達時期、自社の株式価値、株式の引受先候補等の情報を踏まえて、実際に増資を行った場合の資金調達額、および株主総会での議決権割合等のシミュレーションを行います。資本政策は一度実行すると、「やり直し」がきかないため、事前のシミュレーションは入念に行う必要があります。また、会社の状況は日々変化するため、資本政策の前提等が変わった場合には、それにあわせて資本政策も随時更新する必要があります。増資のシミュレーションを行う際に留意すべき事項は以下のとおりとなります。

①株主総会での議決権割合

　株主総会では議決権の保有割合に応じて決議できる事項が異なります。一般的には重要性の高い項目ほど多くの議決権割合が必要とされており、株主総会での議決権割合と決議できる事項との関係は次頁の**図表4-10**のとおりとなります。

　会社経営基盤を維持する上で、とくに重要となる議決権割合のラインは「1/3」、「過半数」、「2/3」となります。できるだけ多額の資金を調達するためには、多くの株式を発行する必要がありますが、これにより他の株主の議決権比率がこれらのラインを超えてしまった場合、会社支配権の維持に支障が生じる可能性があります。

　したがって、新たに株式を発行する場合の株式の引受先が「自社の経営方針を理解し賛同しているか」、「株式発行後も長期的に株式を保有するか」が株式発行後の会社経営基盤の安定性を左右することになるため、株式の引受先の特性等もシミュレーションする際の重要な要素となります。

図表4-10　株主総会における議決権割合

議決権の3/100以上	●株主総会の招集請求権をもつ
議決権の1/3超	●株主総会特別決議の「拒否権」をもつ
議決権の過半数	●株主総会普通決議事項 ✓取締役、監査役の選任、報酬の決定 ✓取締役の解任 ✓利益処分による配当可能利益の資本組入れ ✓利益処分案または損失処理案の承認 ✓会計監査人の選任、解任の決定権
議決権の2/3以上	●株主総会特別決議事項 ✓定款の変更、事業の譲渡等、解散 ✓組織変更、合併、会社分割、株式交換、株式移転 ✓株式の併合 ✓金銭以外の財産による配当 ✓資本金の減少 ✓役員等の責任の一部免除 ✓株主総会の決議に基づく特定の株主からの自己株式の取得

②上場基準の充足

　IPOによる資金調達を念頭においた場合、株主数や流通株式(広く市場一般で売買される株式)の割合について一定の数値基準を満たす必要があります(詳細は第2章をご参照ください)。

　したがって、IPOの場合の増資のシミュレーションを行う場合には、上記①の株主総会での議決権割合のほかに、上場時の株式数や資本構成が上場基準を満たしているかどうかも確認する必要があります。

第5章

最大の資産「人」 人事管理

　会社にとって、「ヒト」は最も重要な資産であり、社員の能力を最大限に発揮できる環境を整備しモチベーションを上げることが、最終的には会社の更なる成長・発展につながると考えます。

　とくにIPOを目指す成長企業では、社員も成長意欲が高く活気ある職場作りが、重要なポイントとなります。

　人材の有効活用には、人材の採用・育成・活用といった人事管理を適切に行うことが欠かせませんが、人材の価値観も多様化しており、単一的な人事管理では難しい時代となっています。

　今後は複雑化・多様化する社員に適用できる人事管理が求められており、本章では今日的な人事管理のポイントについて解説します。

第1節
必要な人材の採用

　会社が成長していくためには、会社にとって最大の資産である「ヒト」を会社の成長にあわせて採用し、確保することが重要な課題となります。採用におけるポイントは、自社の経営理念に共感し、組織のなかで期待される役割を遂行できる価値観・スキル・経験・ポテンシャル等を備えた人材を計画的に採用していくことであり、単に人数合わせすることではありません。

　本節では、上記のような観点から人材採用のポイントを解説します。

1. 採用計画の検討

(1) 採用計画の重要性

　まずは、「どのような人材を、どのくらい、いつ、どのように採用していくか」を定めた「採用計画」を策定することが成功のポイントとなります。中長期的な視点をもって採用計画を策定することで、新卒や若手を計画的に採用し、次世代幹部の育成や組織活性化に活かすことが可能となります。

　一方で、採用計画がなく、欠員や受注増加等により場当たり的に焦って採用した結果、自社にあわない人材を採用してしまって早期退職に繋がるケース等があることから、採用計画を前提として採用活動を進めることで「質」をともなった戦略的な採用活動を行うことが可能です。

(2) 採用計画検討時のポイント

　計画として具体化するにあたっては、主に図表5-1の①から④の視点を軸として検討していきます。

　採用計画は会社の今後の方向性と密接にリンクするため、経営戦略や経営

図表5-1　採用計画検討時のポイント

視点	検討内容
①どんな人材	現在不足している、または、今後補強が必要な「役割や業務」を大まかに区分して検討します。（以下は一例） A　組織をマネジメントする管理職層 B　特殊な専門分野をもったエキスパート C　実務のリーダー（即戦力・中堅）層 D　オペレーション（未経験者・若手）層
②どのくらい	①の区分ごとに、今後、各部門ごとに必要な採用人数を検討します。
③いつ	②の必要人数について、いつまでに採用しなければならないか（期限）を検討します。
④どのように	①〜③について、大きくは新卒採用と中途採用のいずれかで充足するか検討します。※業務の特性に応じて、非正規社員採用（パート・契約社員など）や外部リソース（派遣・請負等）での充足も検討します。

計画、今後の業績・事業展開予測が上記①〜④の大きな検討要素となることから、将来的な会社の人員体制や組織図をシミュレーションして検討するとよいでしょう。

たとえば、海外展開を行う場合は海外勤務の経験が豊富な人材の採用が必要であったり、社員が高齢化しており独自技術やノウハウの伝承が課題となっている場合は吸収力の高い若手の採用が必要となります。

また、現状の人員を「年齢・役割・性別・業務内容・雇用形態」等の視点で分析することで、今後採用で補強すべきポイントが分かりやすくなります。

なお、一定規模以上の会社になると、経営層が現場の業務運営の実態をすべて把握することは困難なため、各部門のマネジメントクラスも巻き込み、現場の実態も踏まえて上記①〜④の検討を進める必要があります。

また、採用計画は通常1年（年度）単位で計画することが多いですが、組織の若返りを狙って年齢ピラミッドの構成を是正していくような場合等は、数年単位での中長期的な採用計画を検討することが必要です。

（3）採用計画の活用

採用計画は、当然ながら、いったん作成して終わりではありません。定期的に計画に対する進捗状況を確認し、問題がある場合は見直しすることが重要です。

また、半年や1年単位で採用実績・採用コスト・採用後の定着率等について振り返りを行い、振り返りから抽出された課題を、次の採用計画に活かす「PDCAサイクル」が重要です。

2. 採用基準の明確化

（1）採用基準の重要性

「採用計画」を策定した後、必要な人材の獲得に向けて採用活動を進めていきますが、採用活動を進める前提となるものが「採用基準」です。採用基

準とは、「会社が採用したい人材像」を具体的に定めたものであり、採用選考時の合否判断の基準となる非常に重要なものです。

採用基準が曖昧なまま採用を進めた場合、本来は会社が必要としない人材を採用してしまったり、面接官による合否判断のバラツキが大きくなり、採用が失敗する可能性が高くなることはいうまでもありません。

また、採用基準を作ることは「自社の人材に対する価値観」と真剣に向き合うよい機会となります。たとえば、「当社で活躍している人材は、どういった思考や価値観をもっているか」について社内で議論して採用基準へ落とし込みをしていく必要があります。採用基準を作ることをとおして、自社の人材や人事管理に対する多くの「気づき」を得ることができます。

(2) 採用基準検討時のポイント

採用基準は「ソフト面」と「ハード面」に分けて検討すると整理しやすくなります。「ソフト面」は、仕事に対する価値観・取り組み姿勢等本人の思考特性ともいえる「目に見えないもの」であり、求めるポジション(職種や役割)に応じて多少の違いはあるものの、原則は自社の社員に共通して求める普遍的な内容となります。

図表5-2　採用基準検討時のポイント

採用基準

| ソフト面
(目に見えないもの)
仕事への価値観、取り組み姿勢等 | すべての求人ポジションで、原則は統一(普遍的なもの) |

| ハード面
(目に見えるもの)
スキル・経験・資格など
※コミュニケーション能力、業務経験年数、Officeツールの操作レベル、語学力、マネジメント経験… | 求人ポジションごとに求める内容は異なる |

採用基準作成時の視点

①経営理念・行動規範

②社内モデル
ハイパフォーマー

③採用計画

一方で、「ハード面」は、スキル・経験・資格等能力として備わっている「目に見えるもの」であり、求めるポジションに応じて大きく異なります。

　さらに、具体的な採用基準の作成にあたっては、主に図表5-2の①から③の視点があります。

　①経営理念や行動規範には、会社や社員が活動していく上での前提となる価値観や姿勢がメッセージとして盛り込まれており、自社の社員に対して共通して求める「ソフト面」の採用基準を検討するにあたっては、重要な検討要素となります。

　一般的に経営理念・行動規範はメッセージ性の強い内容であることが多いため、経営層を交えて議論を重ね、具体的な採用基準に落とし込みをしていく必要があります。

　なお、筆者のみらいコンサルティングを例にあげると、「MC-WAY」という当社のビジョンや行動規範をまとめた冊子が全社員で共有されており、仕事を進めていく上でも「共通の価値観」になっています。当然ながら、採用時においても、「MC-WAY」の内容を理解し、共感できるかどうかが「採用基準」になっています。

　②社内モデルは、社内に実在する社員を採用基準の検討要素とするイメージです。高い成果を上げ、周囲の目標となっているようなパフォーマンスの高い社員を複数人ピックアップして、インタビューやアンケート等を通じて、共通する仕事への価値観や思考・行動特性・スキル等を洗い出して、採用基準へ落とし込みをします。

　ただし、モデルが少ない場合は採用基準に偏りが出るリスクがありますので、幅広くさまざまなタイプの人材をピックアップすることがポイントです。また、現在社内に実在しないタイプの人材を採用したい場合は、あまり有効ではありません。

　③採用計画においては、どのようなスキル・経験等をもった人材が今後必要か把握できるため、個別の求人ポジションごとの採用基準を検討する際の材料とします。

(3) 採用基準検討時の注意点

「ソフト面」の採用基準は曖昧な内容になりやすいため、会社が求める仕事への価値観や取り組み姿勢等を具体的に表現することが重要です。たとえば、「協調性のある人」を採用基準としたい場合は、次のように具体化することができます。

- チームで成果を出すことを優先して考える人
- チームにおける自分の役割をよく認識している人
- 情報、ノウハウを周囲に積極的に共有できる人
- 周囲のメンバーと日常から積極的にコミュニケーションをとるように努力している人

採用基準も採用計画と同様に一度作れば終わりというものではなく、事業環境の変化や、会社の成長ステージにあわせて見直す必要があります。とくに「売り手市場」の採用環境下においては、必要に応じて「ハード面」の採用基準のハードルを下げて、「ソフト面」を重視して未経験者等を採用し、育成して戦力化する臨機応変な姿勢も重要です。

3. 採用成功のポイント

(1) 攻めの姿勢をもつ

採用は、応募者のなかから採用する人材を「選ぶ」と同時に、応募者から入社する会社として「選ばれる」意識をもつことが重要です。一般的に優秀な人材ほど入社後のイメージを高めたいと思う傾向があるため、「採用したい」と思う優秀な応募者に対しては、積極的に自社で働く魅力等を伝え、志望意欲を高めることが重要です。

たとえば、会社説明会や面接において、現場で働く社員から自社の仕事を通じてやりがいを感じたことや、魅力に感じる組織風土等を具体的なエピ

ソードとして伝え、応募者に実際に働く姿をイメージしてもらうことで志望意欲を高められます。

また、経営層が直接自社の理念・将来ビジョンを語る場面を設け、ともに会社を成長させていきたい「想い」を共有することは、志望意欲を高める上では大きな効果が望めます。

最近では、採用手法のトレンドも、ハローワークや求人広告により応募者を募る「待ち」の手法から、SNSや転職検討者が登録している公開データベース、社員紹介制度等を活用して、企業が積極的に採用したいと思う人材に対してアプローチを行う「攻め」の手法へシフトしつつあります。

優秀な応募者を採用し、会社を成長させていくためには、このような「攻め」の姿勢をもつことが重要です。

（2）全社一丸で取り組む

採用は人事担当者だけが取り組んでもなかなかうまくいきません。全員が採用担当者のつもりで、全社一丸となって本気で採用に取り組むことが成功へのポイントになります。

その際、「見える化」した採用計画や採用基準は社内に広く共有することで、会社としての採用に対する温度感を高め、ベクトルをあわせた取り組みが可能となります。

経営層や各部門のマネジメントクラスも巻き込んで全社一体で採用に取り組み、自社の採用活動を成功させましょう。

第2節
成長を支える人事制度の整備

　成長し続ける会社は、その発展のなかで、業種、業態、社員規模等、自社の実態にマッチした人事制度の構築、運用を模索しています。

　人事制度の内容は各社各様となり、他社事例をそのまま自社に導入してもうまく機能しないことがよく見受けられますが、一方で、成長企業の人事制度に共通するポイントがあることも事実です。

　ここでは、成長企業に共通する人事制度のポイントを中心に解説します。

1. 成長企業の人事制度に共通していること

（1）会社が目指す方向性（経営ビジョン）とつながっていること

　経済のグローバル化等、外部環境の変化が加速している昨今、社内においては社員の国籍、専門分野、価値観の多様化がいっそう進んでいます。

　このような経営環境のなか、社員のモチベーションを高め、全社員を一致団結させるためには、個性の違いを認めつつも、会社が目指す方向性（以下、経営ビジョンといいます）を共有して組織をまとめる必要があります。

　社員1人ひとりが、経営ビジョンを意気に感じ、実現させることが自分のキャリアアップにもつながると受け止められるかが大切です。この受け止め方次第で今後の仕事に対する取り組み姿勢も変わってきます。この重要なポイントを実現させるためのツールが人事制度です。

（2）今後（将来に向かって）どうあるべきか（期待像）が明確なこと

　経営ビジョンの実現に向け、「今、自分に期待される役割は何か」を社員1人ひとりが目標として意識でき、達成度に応じて「今、評価される」ことが大切です。そのことが、経営ビジョンの重要性の実感につながります。

会社の成長にともない、増え続ける社員に対して経営ビジョンと自分の役割を継続して意識づける仕組みが必要です。その仕組みとして人事制度があります。

2. 人事制度の全体像

(1) 人事制度の構成

人事制度とは、図表5-3の3つの制度の総称です。

このほかに退職金制度や福利厚生制度、教育研修制度等も含めて人事制度と呼ぶ場合もありますが、ここでは上記3つの制度の総称を人事制度と呼んでいます。

図表5-3　人事制度

人事制度	等級制度	●会社が社員に期待する「人材像」を表したもの ●役割や能力に応じた階層、成長ステップを示したもの
	評価制度	●各人の仕事の成果を客観的に測定するもの ●各人に期待される行動、勤務姿勢の実践度を測定するもの
	賃金制度	●基本給や諸手当、賞与の支給ルールを定めたもの ●評価結果と給与改定、賞与の増減の関係をルール化したもの

(2) 人事制度全体として押さえておきたいこと

図表5-3の3つの制度の詳細、設計上のポイントは、次頁以降で説明していきますが、ここでは、成長企業の人事制度で共通して押さえられていることが多い全体的なポイントについて主なものを記載します。

人事制度の詳細設計を進めていく段階において、全体像とのつながりが疎かになることがよくあります。次頁のポイントを忘れた設計や検討になっていないか、随時振り返りながら検討を進めることをお勧めします。

①社員に経営ビジョン実現に向けた貢献（役割）を分担し、達成を求める仕組みとなっているか。
②経営の視点で、総額人件費の業績連動性を実現しているか。
③社員の視点で、給与の公平性と運用ルールをわかりやすく説明できるようになっているか。

3. 等級制度設計のポイント

（1）等級制度とは何か

　等級制度とは、会社が社員に期待する「人材像」を表したものです。会社が期待する役割や能力のレベルに応じて階層（等級）化され、社員は、自分の今のステージ（等級）で求められていることを確認できます。そして、さらに上のステージ（等級）を目指すにあたってそのステージで求められていることを確認することもできます。

（2）等級制度の種類

　等級制度は、階層（管理職層、一般社員層等）や職種（本部系の職種、現業系の職種等）ごとに検討することが一般的です。等級制度には、目的に応じて主に以下の3種類があります。図表5-4のメリット、デメリットを理解した上で、自社に適した等級制度を選択していきます。

（3）等級制度設計上の留意点

　これまで、等級制度といえば多くの会社で、職能資格等級制度が採用されてきました。職能資格等級制度は、「能力の高さ」に応じて等級格付が行われるため納得性の高い考え方ではあるのですが、実際に運用を行うと、能力を適切に測ることが難しく、実態として「勤続年数に応じて昇格する運用」となってしまうケースも見受けられます。結果として、年功序列的な人事制度になってしまうことが少なくありません。

図表 5-4　等級制度の種類

基準	職能資格等級制度	職務等級制度	役割等級制度
	能力の高さ、習熟度	職務内容	役割の大きさ、貢献度
定義	社員の職務遂行能力の高さに応じて序列をつける（階層化する）制度	職務の難易度、価値の大きさ等に応じて序列をつける（階層化する）制度	役割の大きさ、重要度に応じて序列をつける（階層化する）制度
主なメリット	①人事異動・職種転換・職務変化に適し組織の柔軟性が保てる ②資格重視でポスト不足に対応しやすい ③ゼネラリスト育成に適する ④年齢に応じた安定的な処遇により社員に安心感を与える	①仕事、給与がマッチし合理的 ②専門家育成には効果的 ③職務内容が明確になる ④定期昇給を抑える効果がある	①役割、貢献度と給与がマッチし合理的 ②期待する役割が明確になる ③マネージャー育成に適する ④経営戦略と連動して役割を柔軟に設定できる
主なデメリット	①資格等級と職務内容にずれが生じやすい（資格等級より担当職務レベルが低くなりがち） ②年功的運用になりやすい ③中高齢者が多いと総額人件費が高めになる	①組織・職務が硬直化しやすい ②職務が変わらないと給与が上がらず、モラルを維持しにくい	一般社員には、役割を設定しづらい（実質職能資格等級との違いが出しにくい）

　事業を継続的に成長、発展させるためには、社員の能力と意欲を十分に引き出すことが欠かせないことから、役割、責任のレベル（能力のある人に責任あるポジションを任せることが前提）に応じた役割等級制度の検討もあわせて進める会社が増えています。「あわせて進める」ということの意味は、たとえば新卒社員に役割や責任を問うことは不向きですから、一定の経験を積むまでの数年間、経験と成長度合いに応じて昇格させ、成長の喜びと安心して仕事に専念できる環境を与えることが欠かせません。また、定型的な作業や補助的な事務を行う社員等には、職務等級制度を適用することがふさわしいケースもあります。このように、全階層、全職種共通で等級制度を検討するよりも、仕事の実態と求められる役割に応じて検討することが大切です。

(4) 昇降格の考え方

　上位等級に上がることを昇格といい、逆に下位等級に下がることを降格といいますが、一昔前まで多くの会社で、「昇格一辺倒（アップ・アンド・アップ）」の運用をする会社をみかけました。これでは、上位等級者ばかりの人員構成となり、業績と関係なく人件費が増えていく状態になってしまうため、近年では昇格条件を厳しく設定し、年功的に昇格させる運用をやめる会社が増えています。つまり、昇格させるほどの実力に達していない社員はいつまでも同じ等級にとどまる「アップ・オア・ステイ」への切り替えが進んでいます。

　しかし、「アップ・オア・ステイ」には、すでに年功的に上位等級者となってしまっている社員の格付を適正に引き下げる機能がありません。この状態を放置しておけば社内で不平不満が出てくることも考えられるため、階層ごとに、たとえば管理職層には「アップ・オア・ダウン」の運用にしている会社が増えています。

4. 賃金制度設計のポイント

(1) 賃金制度とは何か

　賃金制度とは、基本給や諸手当、賞与の支給ルールを定めたものです。社員ごとの評価結果に応じて給与改定額（昇給額、降給額）や賞与支給額を決める仕組みを作り、社員の納得度を高め、よい仕事（よい評価）を継続して行う意欲を引き出している会社が増えています。

(2) 基本給の考え方

　賃金制度のベースとなる基本給は、等級制度の考え方とあわせて、階層（管理職層、一般社員層等）や職種（本部系の職種、現業系の職種等）ごとに検討することが一般的です。基本給にも目的に応じて主に以下4種類があり、それぞれ図表5-5のようなメリットやデメリットがあります。

図表5-5　基本給の種類

	能力給 能力の高さ、習熟度	年齢給 年齢の高さ	職務給 職務内容	役割給 役割の大きさ
定義	<社員の職務遂行能力によって決まる給与> ● 能力評価とセットで取り入れることで納得度を高めているケースも多い	<年齢ごとに支給額を設定する給与> ● 生活に必要な所得をカバーしようという考え方にもとづく（生活給）	<職務の難易度や重要度に応じて決定する給与> ● 対象となる全職務について価値付け、序列付けを行い、その序列に従って給与を決定 ● 上位職務を担わない限り、原則として昇給しない	<事業戦略と連動した役割を定義し、役割の大きさ（責任の重さ）に応じて決定する給与> ● 担う役割に応じて支給額を決定する前払給としての性質を持つ
主なメリット	● 能力評価と連動させれば納得性が高い ● 人事異動、職務変化に対応しやすく、ゼネラリスト育成に適している	● 年齢に応じた安定的な処遇により社員に安心感を与える	● 仕事内容と給与がマッチし合理的 ● 専門家育成には効果的 ● 定期昇給を抑える効果がある	● 役割、責任と給与がマッチし合理的 ● マネージャー育成に適する
主なデメリット	● 年功的運用になりやすい	● 中高齢者が多いと総額人件費が高めになる	● 組織・職務が硬直化しやすい ● 職務が変わらないと給与が上がらず、モラルを維持しにくい	● 一般社員の役割設定が難しい

　これまで、基本給はサラリー（Salary、生活給：上表でいう年齢給や年功的運用となっている場合の能力給）として捉え、社員が生活を維持するのに必要な金額を支給する給与と考えてきたケースが多く見受けられました。

　しかし最近では、基本給においても社員の貢献に応じて支給、分配する報酬（Compensation、貢献給：図表5-5でいう役割給、職務給や能力給）と考える会社も増えてきています。

(3) 諸手当の考え方

　手当は主に「職務関連手当」「生活関連手当」「人事関連手当」の3種類に大別できます。職務関連手当は、組織上の役割や特定職務に従事する場合等に支給される手当で、たとえば「役職手当」「営業手当」等があります。生活関連手当は、社員の生活支援のために支給される手当で、たとえば「家族手当」「住宅手当」「地域手当」等があります。人事関連手当にはたとえば、「精皆勤手当」「資格手当」「通勤手当」等があります。

　一昔前は、成果主義の浸透を狙い、業務内容や成果に関係ない手当は廃止する傾向にありました。しかし、最近では会社への帰属意識を高めたり、安心して働ける環境を提供することで離職率の低下につなげたりすることを目的に、改めて生活関連手当の支給を検討する会社も出てきています。

(4) 賞与の考え方

　賞与は、基本給や諸手当では果たせない以下の役割を中心に機能させることが一般的です。

　①直近業績に応じて人件費をコントロール、業績を安定させる機能
　②直近の功績を称えて報いる報奨金としての機能

　とくに成長企業においては、経営ビジョン実現に向けた個々の社員の貢献にタイムリーに報いることで、貢献度の高い社員には、継続して会社に貢献しようとする意欲を引き出し、貢献度の低い社員には奮起を促し、健全な危機感を醸成させることに役立てているケースをよくみかけます。

(5) 賞与制度設計上の留意点

　賞与制度と会社業績との連動性を高める場合（業績連動賞与）も、下記の留意点があります。

①自社の経営実態や経営指標を社員にオープンにしていない場合、同制度を導入しても運用自体が不透明となり、納得度が高まらないことがあります。
②一般社員クラスは、個人の頑張りが業績向上に貢献できる度合いが小さいケースも多いため、かえって意欲をそぐことがあります。
③景気動向等の外部環境変化による業績への影響が大きい業種の場合、社員の頑張りが報われず、かえって意欲をそぐことがあります。

いずれにしても、業種、業態をふまえ、階層や職種に応じたきめ細かい設計が必要です。

5. 人事評価のポイント

(1) 人事評価の重要な目的

人事評価を行う目的は、社員の処遇（賞与や昇給、昇進等）を決定するための「査定」のイメージが強いかもしれませんが、人事評価にはもっと重要な2つの目的があります。

1つ目の重要な目的は、「会社と社員のベクトルを合わせること」です。会社が成長していく上では、全社員が同じ方向を向いて一体的に活動することが重要ですが、人事評価の基準は、会社の方向性を社員に示し、浸透させていく上で重要なツールとなります。たとえば、短期的な売上よりも長期的な顧客との信頼関係を重視することを会社の方針として掲げている場合は、売上よりも顧客との信頼関係を構築するための取り組みや姿勢を重視して評価することで、社員の考え方や行動が会社の方針に合うように働きかけるイメージです。

2つ目の重要な目的は、「人材育成」です。人事評価は、会社が社員に対して求める期待値（評価基準）に対する達成度合いを確認するものですが、これにより評価基準に達していない「ギャップ」も明確になります。この

「ギャップ」に対して指導を行うことにより、社員に「成長のための気づき」を与え、人材育成へ繋げることができます。個々の社員の育成は、組織力の強化や、最終的には会社業績の向上（会社の成長）に寄与します。

このように、人事評価を単なる「査定の手段」と捉えず、「会社を成長させるための仕組み」として捉えることでより高い効果が期待できます。

（2）評価基準検討時の視点

人事評価の核となる「評価基準」は、「会社が求める人物像」を明確化したものであり、具体的には社員に対して期待する「仕事の成果や仕事への取り組み姿勢、仕事を遂行するための能力」等を定めています。

評価基準を検討するにあたっては、まずは次の3つの視点により評価基準に含める「評価要素」を洗い出しすることが重要です。

1つ目の視点は、「会社の将来像」です。会社の中長期的な経営ビジョンや経営戦略を実現するために、社員に対して求める姿勢や能力等を洗い出します。とくに、経営ビジョンや戦略を実現していく上で現在の社員に不足している部分がないか、重点的に確認するとよいでしょう。たとえば、新規事業への展開を進めていくにあたってチャレンジ精神や既存の概念に捉われない柔軟な発想が今の社員に不足している場合、それらを評価要素としていくイメージです。

なお、中長期的な経営ビジョンを策定することが難しい場合は、現在の経営課題や単年度における重点項目等を検討の視点とします。

2つ目の視点は、「会社の価値観」です。採用基準の「ソフト面」と同様に、企業理念や行動規範等をベースとして、「会社が重視する仕事に対する価値観・取り組み姿勢」を具体的な評価要素として洗い出します。

高いスキルをもつ社員であっても、その会社の価値観にあわない仕事への取り組み方であれば、組織の足並みを乱し、周囲へ悪影響を及ぼすおそれもあります。会社が大事にしている価値観や姿勢を評価基準をとおして社員に対して発信することで「会社の価値観」を浸透させることができます。

3つ目の視点は、「職種の特徴」です。営業や製造、事務等の職種に応じて、求められる成果や能力、取り組み姿勢は異なるため、職種ごとの特徴を評価要素として検討していきます。部門のマネジメントクラスに業務上評価要素とすべき内容をヒアリングする等して、より実態に即した評価要素を洗い出しすることも考えられます。

(3) 評価基準を運用するポイント

会社が苦労して作った評価基準も、実際に部下を評価する評価者がその内容を十分に理解しないまま運用しては意味がありません。評価者研修等を通じて、評価基準はどのような意図があり、どのような目線で評価を判断すべきか繰り返し伝えることが重要です。とくに、評価者によって評価の判断に大きなバラツキが生じないように、具体的な事例を交えながら徹底的に評価基準の目線合わせをしていくことが重要です。

また、評価者が分かりにくいと感じる評価基準等は、積極的に意見を取り入れて見直しを加えたり、評価者から評価基準を提案してもらう等、評価者が人事評価に主体的にかかわるように巻き込んでいくことも重要です。

(4) 目標管理制度を人材育成に活用する

目標管理制度は、社員が個々の役割や業務内容をもとに目標を設定し、その目標の達成度合いを評価する制度ですが、「人材育成」の観点でも有効な制度です。

たとえば、目標の内容や、目標を達成するためのアクションプランを社員に主体的に検討してもらうことで、自ら考え動く主体的な仕事への取り組み姿勢を促すことができます。

また、目標達成のためのアクション（プロセス）に対して、上司を交えて定期的に振り返りを行うことで、「PDCAサイクル」が機能し、仕事を進める上での「計画性（進捗管理能力）」や「問題解決力」等がブラッシュアップされます。

なお、目標管理で設定する「個人の目標」は、さらに上位の「組織の目標」や「会社の目標」と連動させることで、各社員の目標達成が、最終的には会社の目標達成（会社の成長）に寄与することとなります。とはいえ、いきなり部下が「会社・組織の目標」を踏まえた目標をボトムアップで検討することが難しいケースも多いため、目標管理制度の導入段階では上司から会社・組織目標から落とし込んだ一定のキーワード（目標のテーマ）を部下に示した上で、目標を検討してもらう方法がお勧めです。

（5）フィードバックの重要性

　「フィードバック」とは、人事評価の結果と根拠（なぜそのような評価結果になったのか）を本人に伝えることです。フィードバックにおいては、評価基準に対して不足するギャップを今後の成長のための「気づき」として与え、部下の行動を変革していくことが重要です。また、評価基準を満たし上回る点については、しっかりと認めて褒めることで、今後の意識や行動がさらに強化されるよう動機づけすることも重要です。

　的確なフィードバックを行うためには、部下の日頃の仕事の状況を把握し、具体的な行動事例を根拠とした人事評価の明確な理由が必要です。漠然とした印象をもとに実施された人事評価のフィードバックを受けても部下が納得して行動を変革していくことは困難です。

　すべての評価項目を客観的な指標に基づく評価基準とすることは難しいため、完全に公平な人事評価を行うことは現実的ではありません。ただし、不完全な人事評価制度であっても、的確なフィードバックを通じて、部下の行動を会社が求める方向へ変革することができれば、人事評価の目的は達成できているといえます。

（6）OJTを通じた人材育成

　前述のとおり人事評価の重要な目的の1つが「人材育成」ですが、人材育成において、最も重要な方策が「OJT」です。OJTとは、「On the Job

Training」の略称で、日常的な業務指導等、仕事の実践を通じた育成手段をいいます。これに対して、集合研修や外部セミナーへの参加等、仕事とは切り離して行う育成手段を OFF-JT といいます。

　OJT を有効活用するためには、OJT のゴール（いつまでに、なにを、どのくらい身につけるか）を明確にして、上司と部下で共有することが重要です。ゴール設定にあたっては、前述の人事評価基準や目標管理制度における目標を指標とすることで、会社の求める人材像や会社の方向性とも連動した OJT が可能となります。

　また、いつまでも手取り足取り業務指導を行っていると部下の成長はストップしてしまいます。最初は伴走する意識でこまめにフォローすることは必要ですが、ある程度部下の習熟が進んだ段階では、一定の距離をおき、本人に「考えさせながら」OJT を行うことが重要です。「どう進めたらいいと思う？」等の問いかけをしながら、部下自身で解決策をみつけていく経験を積ませ、更なる成長をサポートするイメージです。

　OJT は手間もかかりますが、上司自身も人を育てることを通じて、多くの「気づき」が得られ成長していきますので、前向きに取り組みましょう。

第 3 節
従業員満足（ES）の向上に向けて

　会社の重要な財産である"ヒト"の能力を最大に活かすためには、従業員満足 = Employee Satisfaction（以下、ES といいます）を向上させることが重要です。

　一方で、ES 向上の方法は、会社・社員によってさまざまであり、すぐに効果がでないこともあります。そこで、ES 向上のためのポイント・注意点や他社での事例等について解説します。

1. ESの重要性

（1）ESの定義

　ESとは従業員満足のことをいいますが、ここでいう「満足」とは「会社・仕事・給与・仲間等働く環境に満足する」ことをいいます。つまり、社員が会社に対して貢献意欲をもって前向きに働くことをいい、社員の要望やわがままをすべて受け入れるということではありません。

（2）ESとCSの関係

　経営においては「顧客満足（CS = Customer Satisfaction）」が重要であり、CS向上を意識した経営者やCS向上を目標としている部門は多いですが、一方でES向上を目標としているケースは少ないようです。
　しかし、「ESなくしてCSなし」ともいわれており、CSとESは密接な関係にあります。つまり、CSを提供する社員自身のESが低い状態であれば、「表面的なCS」となってしまい「本質的なCS」も難しいのではないでしょうか。
　会社を成長・発展させるには、会社の原動力である社員の能力を最大限に発揮させることが重要であり、そのためにもES向上が非常に重要なポイントとなることから、まずは、ESの重要性を経営陣が理解することが、ES向上の第一歩となります。

2. ES向上のポイント

（1）非金銭的報酬が重要

　社員への報酬をES向上という視点からみると、金銭的報酬と非金銭的報酬に分かれており、具体的には図表5-6のように分けることができます。
　一般的には社員への報酬というと昇給や賞与等の金銭的報酬がイメージされるのではないでしょうか。確かに働く上で金銭的報酬は重要ですが、社員のES向上には非金銭的報酬の方が影響度が高いです。

図表5-6　金銭的報酬と非金銭的報酬

金銭的報酬	賃金（月例給与・賞与）・退職金等金銭が対価となるもの
非金銭的報酬	仕事のやりがいや達成感・仲間との一体感・褒められる・働く環境等、金銭以外が対価となるもの

　たとえば、「会社の理念に共感できる」・「仕事が楽しい」・「一緒に働く仲間が好きだ」等社員が前向きでイキイキと働くには非金銭的な報酬が関係しています。一方で、「会社のことは好きじゃないけど、給料が高いから会社に残る」というようなケースは金銭的報酬には満足しているが、非金銭的報酬に不満があることが考えられます。

　このようにES向上には、金銭的報酬では限界があり非金銭的報酬を機能させることが効果的です。

　ただし、金銭的報酬を軽視してもいいというわけではなく、社員の生活を安定させる、貢献度の高い社員への報酬を手厚くする等でモチベーションを上げるという効果もあることから、金銭的報酬と非金銭的報酬のバランスが重要となります。

（2）非金銭的報酬の内容

　非金銭的報酬は社員の心へ響く報酬であり、どのような非金銭的報酬が響くかは社員それぞれで異なります。

　そこで、ここでは代表的な非金銭的報酬について紹介します。

① 会社との一体感
- 会社の事業内容や企業理念に共感している
- 会社に対して提案・発言する機会があり、経営活動に参加できる

② 仕事へのやりがい
- 担当する仕事は社員の適性にあっていて達成感を得られる
- やりたい仕事にチャレンジできる

③ 褒められる風土

- 顧客や会社・上司・仲間から感謝されることがあり、自分を必要としてくれる

④ 良好な人間関係
- パート従業員等も含めたすべての従業員を公平に扱っている
- 上司や仲間との人間関係が良好で、いつでも助け合える関係にある

⑤ 働きやすい職場
- ワークライフバランスが整備されている

　上記は一例で、非金銭的報酬の仕組みは会社ごとに異なり、ほかにもさまざまな仕組みが考えられます。

（3）非金銭的報酬の設計方法

　ES向上に欠かせない非金銭的報酬ですが、具体的な内容を検討する場合、会社だけでなく社員も関与させながら進める必要があります。

　たとえば、経営陣や人事部門が中心となって非金銭的報酬の仕組みを作っても社員の心にどう響くかが重要で、上から押しつけられた非金銭的報酬では逆効果となることが多いからです。

　具体的には、社員が中心となったプロジェクトチームを結成し、ボトムアップで検討することが効果的です。ただ、会社として本気で取り組む姿勢を明確にし、かつ、プロジェクトが形骸化しないようにするためにも、社長等の経営陣がプロジェクトの責任者となることがポイントです。

　また、ES向上を実感するにはある程度の期間も必要となることから、スケジュールには余裕をもちながらじっくり検討することをお薦めします。

3. ES向上策の具体策

（1）企業理念の策定・周知

　企業理念とは、会社の方向性や存在意義を示した経営の軸となるもので、

多くの会社で企業理念を定めています。この企業理念があることで社員が会社に共感し、かつ、帰属意識を高めるという効果も期待できます。

具体例
- 企業理念浸透のための定期的なワークショップ
- 企業理念や行動指針に基づく行動度合いを人事評価へ反映

（2）仕事へのやりがいを高める

たとえば仕事を通じた達成感や自己成長を感じる等の「仕事へのやりがい」はモチベーションを高め、かつ、長く勤めたいという動機にもなります。

具体例
- 希望する仕事・部署を会社に申告できる「自己申告制」
- 社員に裁量を与え自発的な行動を促す

（3）褒める仕組み

人には周りに認められたいという承認欲求があり、この承認欲求を満たすことで「自分は会社から必要とされている」という意識をもたせることができます。

具体例
- MVP等の表彰制度
- 社員同士で感謝を伝えられるメッセージカードの配布

（4）良好な人間関係

働く上で人間関係は非常に重要で、人間関係の悪化が退職理由となることもあります。とくに上司との人間関係は非常に重要であり、上司の意識改革・指導力を上げる取り組みが欠かせません。

具体例
- コーチング等の上司の指導力アップ
- 懇親会等の仕事以外でのコミュニケーションの機会創出

（5）ワークライフバランス

　仕事に集中するためにも仕事以外の時間を確保することは重要で、ワークライフバランスという言葉も定着したのではないでしょうか。なお、ワークライフバランスは女性社員だけでなく男性社員も含めた全社員を対象にすることがポイントです。

具体例
- 育児・介護の支援制度の充実
- 連続休暇の付与・長時間労働の防止等のプライベートな時間の確保

4. ES調査を利用してみよう

（1）ES調査とは

　社員の会社・仕事・人間関係等に対する満足度を会社が把握しようとしても、社員は対面では本音はいいにくいものです。そこで匿名で満足度を調査するものがES調査であり、いわゆる会社・組織の健康診断ともいわれています。

（2）ES調査の内容

　ES調査の内容はさまざまですが、主に「会社の方向性の一致」・「仕事のやりがい」・「人間関係」・「人事制度」・「労働環境」等に対する社員の満足度を調査します。さらに調査結果は部門・年齢ごとに集計・分析すると、問題点の把握やES向上のポイントを把握する際に役立てることが可能です。

　専門のコンサルティング会社へ調査を依頼することもできますが、調査したい項目は会社によって異なりますので、自社らしい質問をコンサルティング会社と一緒に検討してみてはどうでしょうか。

（3）ES調査の活用方法

　ES調査は調査結果をどう活かすか重要で、ES調査だけで終了し、改善ま

で行わない結果、社員の不満が高まり逆効果となってしまうケースもあります。また、ES調査の結果も可能な範囲で社員にも開示すべきです。

ESの向上の進め方は2.(3)のとおり社員が中心となったプロジェクトチームを発足させ、プロジェクトメンバー主体で検討することをお薦めします。プロジェクト自体は経営陣が責任者となりトップダウンで進めますが、向上策はボトムアップで検討するイメージです。また、ES向上の効果が出るまで6ヵ月～1年は必要であるため、焦らずじっくりと検討する必要があります。

第4節 多様な人材を活かす

最近、ダイバーシティという言葉を耳にすることが多いのではないでしょうか。ダイバーシティとは「多様性」のことをいい、人事関係では、性別・年齢・国籍等に壁を作らずさまざまな人材を幅広く活用することをいいます。

これまでは日本企業の中心的役割は「男性・新卒・大卒」が担ってきましたが、労働力人口の減少やグローバル化・消費の多様化等を受けてダイバーシティの重要性が高まりつつあります。

ここでは、とくに重要な女性社員・シニア社員・外国人社員の人材活用について説明します。

1. ダイバーシティマネジメントの時代

(1) ダイバーシティの目的

会社がダイバーシティに取り組む目的としては、

① 少子高齢化が進むなか、労働力人口も減少傾向にあり、さまざまな労働者を受け入れ会社の競争力を高めたい

②グローバル化による海外展開の増加、消費者の多様化等により、女性・高齢者・外国人等のさまざまな価値観を理解することが重要となっている

等があります。少子高齢化、グローバル化はますます進んでいきますので、会社の競争力を高める上でダイバーシティが重要なキーワードであることは間違いありません。

(2) ダイバーシティを取り巻く労働法関係

　労働法においてもダイバーシティを促進する取り組みが増えています。たとえば女性に対しては男女雇用機会均等法・女性活躍推進法、シニア社員は高年齢者雇用安定法、外国人社員にも雇用に関するルールが定められています。このようにダイバーシティを推進する際は、労働法を理解しながら進める必要があります。

2. 女性社員の活躍に向けたポイント

(1) 女性活躍の重要性

　労働力人口の減少や女性の就業率の上昇もあり、男性だけでなく女性の能力を最大限に活かせる仕組みや労働環境のあり方が重要視されています。
　たとえば、男性社員だけでは難しかった女性視点での商品・サービス開発や職場環境の改善等、相互の強みを発揮している会社は、職場の活気もあり他社との競争力も高い傾向にあります。
　しかし、いざ女性活躍を進めるとなった場合、表面的な取り組みになってしまい真の女性活躍推進につながっていない会社もあります。
　まずは、経営陣が女性活躍の重要性を認識し本気で取り組むことが重要ではないでしょうか。

（２）女性活躍の具体的ポイント

①経営陣・管理職の意識改革

　女性活躍推進の最大の壁は「男性の経営陣・管理職」であるといっても過言ではありません。これまで男性中心の社会で、かつ、中心的役割を担っていたので、なかなか意識改革ができないことが原因であると思われます。

　対応策としては、経営陣・管理職を対象に意識改革を目的とした研修を実施することがありますが、単発の研修だけでは効果も限られることから、全社員を巻き込んだワークショップ等を通じて、継続的な取り組みが必要です。

②ワークライフバランス

● 長時間労働の防止

　ワークライフバランスを実現する上で長時間労働が大きな壁となっています。無駄な業務の見直しやITを活用した効率的な働き方による時間外労働の削減はもちろん、フレックスタイム制や在宅勤務制度等働き方の見直しが効果的です。

● 育児支援

　育児期間中は、育児を重視したいという希望も多いです。たとえば、育児・介護休業法を上回る仕組みや育児期間中は業務負荷を軽減して、育児が落ち着いたころに仕事に専念してもらう等の選択肢を提供することも有効です。

③女性社員の意識改革

　女性が活躍できる環境が整備されても肝心の女性社員の意識も変わらないと効果が限定的となってしまいます。そこで、女性社員を対象としたキャリアアップの研修やロールモデルとなる女性管理職の登用等を通じて、女性社員に会社で活躍できる姿を具体的にイメージしてもらい、自身のキャリアアップに取り組んでもらうことも重要です。

（3）女性活躍の注意点

①女性社員だけに重点をおきすぎないこと

たとえば、育児支援に力を入れすぎた結果、育児支援の対象外となる社員の負担が高まり不満となってしまうケースがあることから、全体のバランスに配慮した取り組みが必要です。

②会社の風土改革まで取り組む

女性活躍推進のための「制度」も重要ですが、「女性が活躍できる組織風土」がより重要です。たとえば、女性活躍のための制度を導入しても、その対象者がいなければ意味がありません。

風土改革とは漠然としていますが、やはり経営陣・管理職の意識改革ができると自然と発言・行動も変わります。意識改革こそ地道な取り組みですが、最も効果的であると考えます。

（4）これからの女性活躍

育児・介護休業法の周知・徹底も進んだことで、妊娠・出産・育児でも働き続ける環境が整備されています。

今後は、女性が働き続けるだけではなく、女性社員を管理職に登用したり経営に積極的に関与させる等、女性がイキイキと働ける環境を整備することが求められています。

3. シニア社員の活躍に向けたポイント

（1）シニア社員を取り巻く環境

これまでの日本型の雇用システムの多くは60歳を定年としていました。しかし、年金支給開始年齢が引き上げられたことにともない、60歳以降の無年金となる時期に対応するため定年年齢の引き上げや定年後の再雇用の措置等を導入することが高年齢者雇用安定法により義務づけられています。

これまでの会社は、高年齢者雇用安定法へ対応するだけの目的で定年再雇

用制度を導入しているケースが多く、結果として、健康でやる気のあるシニア社員のモチベーションが低下するという問題もありました。

労働力人口の減少が進むなか、そのような問題を改善し、シニア社員のもつ経験・能力を活かそうする会社も増えています。

(2) シニア社員の活躍に向けたポイント

①賃金

定年再雇用時の賃金水準は現役時代の50～60％水準とする会社が多いようですが、原則は、年齢だけを理由に賃金を下げるのではなく、能力・意欲にあわせた賃金とすべきです。

最近では、シニア社員でも現役時代と変わらない職務・能力・意欲があれば、賃金も現役世代と同水準とする会社もあります。

なお、シニア社員であっても人事評価を昇給や賞与に反映させることがモチベーションの向上につながることから、シニア社員にあわせた評価制度も検討すべきです。

②職務・業務内容

シニア社員はこれまでの経験を活かした現役社員のサポート役やプレーヤーとしての高度専門職が適任ではないでしょうか。

仮にシニア社員が重要な役職・職務に従事し続けると、若手・中堅社員の成長機会や意欲を奪うこととなり、中長期的には会社へのダメージは大きくなります。

会社によっては円滑な世代交代ができていないケースもあるので、ある程度の準備期間をもって計画的に行うことが必要です。

4. 外国人社員の活躍に向けたポイント

(1) 外国人社員を活躍させるためのポイント

グローバル化に対応するためには、日本人だけでなく外国人社員の視点・

アイデアを取り入れることが重要です。外国人を積極的に採用する会社も増えていますが、一方で、外国人は日本人と異なる価値観・風習があり、外国人社員のもつ能力を最大限に発揮できていない会社もあります。

そこで、外国人社員の活躍に向けて下記の項目について重視して取り組むことをお薦めします。

①日本人社員の意識改革

まずは外国人社員を受け入れるに当たり、日本人社員の意識改革を行う必要があります。

たとえば、研修を通じて、日本人と外国人の価値観・文化の違いを学んだり、多様性を受け入れることの重要性を理解することが有効です。

外国人社員に日本流を押しつけるだけでは、十分な能力発揮は期待できませんので、外国人社員の価値観を受け入れ柔軟に対応することが重要です。

②企業理念の浸透

企業理念を外国人にも浸透させることで、会社の軸・組織風土を理解してもらうことができます。日本人には暗黙的に理解されていても、文化が異なる外国人社員には理解できない部分もありますので、事例等を交えて分かりやすく説明することが重要です。

（2）外国人社員を雇用する際の注意点

外国人社員を雇用する際、まず在留資格を確認し、自社で雇用できるか判断することが大前提となります。

確認方法としては、入社時にパスポートや在留カードの提示を求めることとなります。

また、資格外活動の許可を受けて就労している場合は1週間の労働時間数に制限があったり、公平な採用、均等待遇等外国人を雇用するにあたって注意すべき点もありますので、しっかりと確認しておきましょう。

第6章

労務リスクの落とし穴　労務管理

第1節
労働時間管理体制の整備

1. 「次なる」成長のために欠かせない労働時間管理体制

　会社の成長のためには、社員の採用から日々の労務管理、評価育成といった一連の人材管理が不可欠です。成長スピードが著しい草創期から成長期にかけては、業績を優先するあまり、人材管理をおろそかにしてしまう場合も多く見受けられますが、それでは、社員の不満が溜まり、有用な人材が不足する等、いつかは成長スピードが鈍化してしまいます。

　労使間のトラブルや人材が定着しない原因の1つとして、労働時間管理体制の不備があげられます。たとえば、長時間労働やサービス残業は勿論、年次有給休暇や育児休業が取得できないといった状況も、労働時間の管理ができていないために、適切な要員配置が行えていないことが原因である可能性があります（逆にいえば、適切な要員配置を行うためには、労働時間管理が不可欠といえます）。社員のモチベーション向上や、労働生産性の向上という指標からみても、労働時間をどのように管理していくか、という課題は人を雇用していく際の「キモ」といっても過言ではないでしょう。

　たとえば、IPOという観点からみても、適切な労働時間管理体制の構築と運用は必須といえます。労働時間管理体制が不十分であれば、常に「未払い賃金」のリスクが発生し続けるためです。

会社が成長していくためには、労働基準法等の法令を念頭においた労働時間の管理方法の構築と運用の徹底が望まれます。

> **労働基準法を念頭においた労働時間の管理方法の例**
>
> - 労働時間は、原則1分単位で管理する
> - 客観的な記録（タイムカード、パソコンのログ）により管理する
> - 残業や休日労働は事前申請制とする
> - 社員が申告した始業・終業時刻とタイムカードの打刻時刻に大幅な乖離が発生した場合はその理由を確認し、書面に記録する

2. 労働時間管理に関する動向

近年、長時間労働に対する行政の規制や指導が厳しくなってきています。また、長時間労働そのものや長時間労働がもととなった事件や裁判がマスコミでも大きく取り上げられています。

一方、ワークライフバランスを重視する考え方が若い世代を中心に広く浸透し、労働時間の削減に取り組む会社が採用競争で他社をリードする傾向もみられます。

2015年、厚生労働省が過重労働撲滅特別対策班、通称「かとく」を発足し、違法な長時間労働を行わせていたとして、大手上場会社を書類送検したことが大きく報道されました。発足当初は、東京と大阪だけでしたが、2016年4月からは各都道府県の労働局に担当官が設置されています。これにより、長時間労働が恒常的に行われている事業場への立ち入り検査が行われ、書類送検や社名公表といった事案が今後増えることが予想されます。このような事態になれば、世間からは、「ブラック企業」のレッテルを貼られてしまう危険性もあります。

一方、「ブラック企業」に対する優良企業という意味で「ホワイト企業」という呼び名も耳にするようになりました。女性活躍推進法や若者雇用促進法

といった法律が新たに施行され、これまであまり知られていなかった、会社の労働時間の実態について、情報公開が進んでいくと思われます。

　また、労働時間削減への施策（年次有給休暇や育児・介護休業、時短勤務制度の取得率向上等も含む）を積極的に行う会社が、生産性向上や社員の定着という社内的な効果のほか、社外的なイメージアップ、採用戦略にもつなげようとする動きもみられます。

　現在、急速に進む労働力人口の減少に対処するためには、女性の活躍、介護の問題やダイバーシティ等の課題を解決することが不可欠といわれています。それらの前提となるのが、適切な労働時間管理なのです。

第2節 いわゆる"名ばかり管理職"の問題

　近年、主に残業コストの削減のために実質的な権限と処遇が確保されていないにもかかわらず、形式的に管理職に任用してしまう会社に対する行政指導が活発化しています。

　本節では、適正な管理職としての権限、処遇の本来のあり方について解説します。また、労働法の世界では、管理職のことを一般には「管理監督者」と呼びますが、この節では平易に「管理職」と表記することにします。

1. "名ばかり管理職"とそのリスク

（1）法律上の管理職とは

　わが国の法律上、管理職に関して直接明記されているのは、労働基準法です。しかしながら、その労働基準法では「管理職の定義」に関しては直接書かれていないため、具体的にどの階層からそれに該当させるかは、会社で判断して決定することになります。

(2) 管理職と残業代

　一般に管理職という場合、「残業代の支払対象外」という理解をもたれることが多いと思われます。しかし、これは正確には一部誤解を含んだ表現となります。

　労働基準法上、残業代は「時間外労働」、「休日労働」および「深夜労働」の3つの割増賃金として法定されています。そのうち、管理職に対して支払いを要しない割増賃金は「時間外労働」と「休日労働」の割増分のみとなります。したがって、「深夜労働」の割増分については、たとえ管理職であっても支払う必要がある点に注意が必要です。

(3) "名ばかり管理職"に関する行政指導

　前述のとおり、管理職の定義は各社の判断に委ねられているため、一部において残業コストの削減のために、安易に管理職にしてしまう会社が存在するのも事実です。これに対して、労働基準監督署は臨検時（調査時）に必要な判断要素を満たしていない管理職を、いわゆる"名ばかり管理職"と判断し、行政指導を加えることがあります。

　この行政指導の結果、管理職として不適切という判断を受けると、過去にさかのぼって不支給としていた各種残業代の精算が必要になることがあります。重大なコスト・インパクトとなり得る項目ですので、自社の管理職の実態が、後述する管理職として必要な要素を満たしているか専門家の確認を得ておくことが重要です。

2. 管理職としての判断要素

(1) 裁判例が示す管理職としての要素

　わが国の労働基準法では、どのような者を管理職とするかに関して明確な定義がないことは先に述べたとおりです。

　法律条文上は、単に「監督若しくは管理の地位にある者（＝管理監督者）」

と記載されているだけです。したがって、実際に管理職としてどのような要素を満たすべきかは、過去に裁判所が、その裁判例で示した具体的な要素を満たしているかどうか個別に確認していく必要があります。その主要な要素は、大きく分けて次の4つとなります。

　①経営意思決定への関与
　②各種人事上の権限
　③勤怠の自由度
　④報酬面の優遇

以下、それぞれのポイントについて解説していきます。

（2）経営意思決定への関与

　管理職という以上、労働者と使用者という立場で考えた場合、当然、管理的な職務を担うので経営者側に立つ者といえます。ですから、裁判例では、この点をまず重視して、使用者側としての経営意思決定に関する権限をもっていることを要求しています。

（3）各種人事上の権限

　組織において、労働者を管理する立場にある以上、労働者の採用・解雇、勤怠承認、人事考課といった一連の人事上の管理権限を適切な形でもっている必要があります。

（4）勤怠の自由度

　組織上は、勤怠に関しても部下を管理する立場にあるという前提があります。したがって、自分自身は勤怠に関して自由な決定権をもっていなければなりません。

（5）報酬面の優遇

　管理職として「時間外労働」、「休日労働」の割増賃金を支払わない以上、一般の労働者の残業により給与が逆転するようでは処遇として不十分と判断されます。この点に関しては、構造的に給与逆転がないだけではなく、そもそもの報酬水準に関して考慮された適切な人事制度となっているかどうかが重要なポイントといえます。

3. 必要な整備項目と対応策

（1）整備上の着眼点

　管理職として適切と判断されるためには、主に前述の各要素について、個別に対策を講じていく必要があります。ここでは、それぞれの要素ごとの具体的な整備ポイントについて解説します。

　重大な行政指導リスクが存在する論点でもあるため、とくに、IPOにおける審査上でも注目される部分となっています。

①経営意思決定への関与の機会の確保

　まず、「経営意思決定への関与」に関する項目です。こちらは、各種会議体に代表される経営意思決定の場において必要な意思決定権限を確保する必要があります。形式的な整備のみでは、否認されるリスクが残るため適切とはいえません。

②各種人事上の権限の付与と発揮

　次に、「各種人事上の権限」を、適切に確保する必要があります。具体的には、採用・解雇のみならず、ライン上の評価・勤怠承認といった権限をも加味した上での対応が求められます。もちろん、これらを制度的に担保する必要があるので、多くの場合、人事制度設計自体の見直しが必要な部分といえます。

③「勤怠の自由度」の確保

就業規則上も実態の勤務上も、管理職たるにふさわしい勤怠上の処遇の確保を図ります。変形労働時間制度あるいはシフト制を適用している業種の場合、とくに行政指導リスクに対応した形での制度設計とする必要があります。

④「報酬面の優遇」

単に、給与水準の改定を図るだけでは不十分です。36協定の残業上限時間等の各種法規制をクリアし、かつ、事業の収益性にも配慮した適正な設計とする必要があります。

(2) IPOを目指す場合のポイント

とくに、IPOを目指す場合、前述の各整備項目を明文化し実際に組織的な経営の一環として実態を確保していくことになります。いったん導入すると、コスト的にも法的にも、制度の変更に労力を要する部分でもあるため、導入前のノウハウ取得、制度の作り込みがものをいう部分といえるでしょう。

第3節
サービス残業による未払い賃金の解消

1. 未払い賃金が会社に与えるインパクト

賃金は労働の対価として支払われますが、労働基準法をはじめとした法的な考え方からすると、「労働時間」への対価といい換えることもできます。そして、「未払い賃金が発生している状態」とは、「労働時間に応じた賃金の一部、または全部が支払われていない状態」を指します。未払い賃金に関するトラブルの際、タイムカードや社員が独自に労働時間を記録していた手帳等が証拠として重視されるのはそのためです。最近の労働基準監督署の臨検（調査）においても、会社が記録している出勤簿等のみではなく、パソコンのログイン・ログアウト時刻や携帯電話の通話履歴のほか、交通ICカードの

図表6-1　未払い賃金の発生状況

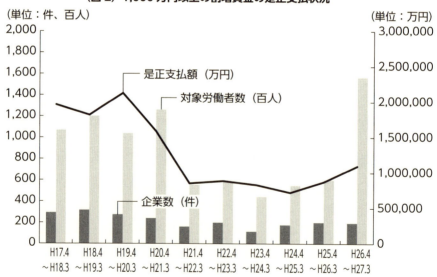

出所：厚生労働省「監督指導による賃金不払い残業の是正結果（平成26年度）」

記録によって、実際の労働時間を検証しようという動きもあります。

では、未払い賃金が発生している状態を放置しておくと会社にはどのような影響が生じるでしょうか。賃金の請求権の時効は2年と定められています（労働基準法第115条）。もし、未払い賃金を支払わなければならない状況になった場合、原則としてその時点から過去2年にさかのぼって、全社員（退職者を含む）の未払い賃金を支払うことになるため、多額のキャッシュアウトが予想されます。

2. IPO時に求められる未払い賃金の解消

IPOを目指す際、人事管理や労務管理に関して証券会社や証券取引所から審査を受ける項目は広範囲にわたります。そのなかでも、未払い賃金の有無の検証・把握、解消は必須項目です。未払い賃金＝簿外債務の発生により、そもそもの利益計画に大きく影響してしまうこともあるからです。

自社の労働時間管理に問題があった場合、上場申請の直前々期までに未払い賃金が発生しない労働時間管理システムを構築し、直前期・申請期にはそのシステムをもとにしっかりと運用していくことが求められます。

また、未払い賃金が確認されたのであれば、適切な方法で解消することで、IPO直前に多額のキャッシュアウトが発生するといった事態にならないような対応が必要です。

3. 未払い賃金が発生してしまう管理体制とは

労働基準法上は、1分単位での労働時間管理が求められています。また、管理する方法としては「使用者が、自ら現認することにより確認し、記録すること」「タイムカード、ICカード等の客観的な記録を基礎として確認し、記録すること」を原則としており、もしも労働時間管理を自己申告制としている場合、「対象者へ十分な説明」「実態調査の実施」「時間外労働時間数の（不

当な）上限設定をしない」等の措置を講ずることとされています（「労働時間の適正な把握のために使用者が講ずべき措置に関する基準」2001年4月6日付 基発第339号）。

　未払い賃金が発生してしまう原因として、その企業風土・文化という面がある一方で、適切に管理していたと思っていたが、実は管理体制に不備があって未払い賃金が発生していた、というケースも少なくありません。

未払い賃金が発生してしまう管理体制不備の一例

- 週の法定労働時間（40時間）超の割増賃金を支払っていなかった
- 15分未満の労働時間は、日々自動的に切り捨てている
- 管理職の深夜手当を支払っていなかった

　法や指針等と照らし合わせ、自社の労働時間管理体制に不備がないか、また、現場で厳密に運用がされているか、管理部門と他部門の上長とが連携した管理体制が必須となります。

第4節 36協定の遵守体制・長時間労働削減への体制構築

1. 36協定締結のポイント

　原則として、1日8時間／1週40時間（法定労働時間）を超える時間、1週間に1日の休日（法定休日）は労働させることはできませんが、労働者代表と労使協定（36協定）を締結することにより、協定に定められた時間の範囲、回数まで、法定労働時間を超えて、または法定休日に労働させることができます。

　ただし、36協定を締結していたとしても、法定労働時間外の労働時間は1

図表6-2　36協定締結のポイント

36協定締結から運用までのフロー	ポイント
①労働者代表と協議・締結	●労働者代表は民主的な方法で選出されているか ●記載内容が運用と合致しているか
②労働基準監督署へ届け出	●協定起算日以前に届け出ているか ●事業場が複数ある場合、事業場ごとに所轄の労働基準監督署へ届け出ること
③周知・保存	●それぞれの事業場ごとに周知すること
④運用	●記載内容を遵守すること

カ月当たり45時間、1年当たり360時間（以下、「限度時間」といいます）を原則として超えることはできません（1年単位の変形労働時間制を導入している事業場は、月42時間・年320時間）。

なお、急な受注や顧客からのクレームへの対応等の緊急対応等で「限度時間」を超えてしまうことが予想される場合は、「特別条項」付の協定を結んでおくことをお薦めします。この場合、限度時間を超えて労働させても、特別条項に定めた延長できる時間以内で収まっていれば、法令違反とはなりません。

特別条項による限度時間を超える労働時間について、法的規制はありませんが、社員の健康管理という観点からも、できるだけ短い時間で協定することが望ましいといえます。

また、特別条項で協定した延長できる時間数が1ヵ月当たり80時間を超えている場合、長時間労働による健康被害が発生するおそれのある事業場として、労働基準監督署による調査の対象になる可能性が高くなりますので、これらの点を踏まえた上で、36協定を締結する必要があるといえるでしょう。

2. 36協定を遵守するための管理体制

前述のように、36協定の締結・届出・周知により法定労働時間を超えて、または法定休日に労働させることができますが、締結した内容を遵守するた

図表6-3　36協定のポイント

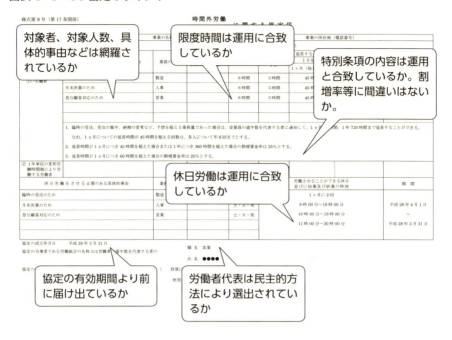

めの管理を継続的に行っていく必要があります。

具体的には、個人別に、1日・1カ月・1年の各単位で、締結した限度時間や限度回数を遵守していく必要があります。

3. 長時間労働削減のポイント

長時間労働が常態化してしまっている会社において、36協定を遵守するためには、労働時間を短縮する努力、仕組みの構築と運用が必要です。

まずは、労働時間をしっかりと把握することからはじめ、問題点の洗い出し、労働時間削減目標や目標を達成するための計画策定を行います。部署横断型のプロジェクトチームを編成し、ボトムアップ型で進めていくことも効果的ですが、最も重要なのは、社長をはじめとした経営層が明確なメッセー

ジを発信していくトップダウン型の取り組みであるといえるでしょう。

　変形労働時間制やフレックスタイム制等の労働時間制度の導入により、柔軟な働き方を可能にすることで労働時間を削減することも考えられますが、いずれにしても、残業や休日労働をする際の各種申請フローを明確にし、周知と運用の徹底を行うことが、社員1人ひとりの労働時間への意識改革へと繋がります。

　長時間労働削減に関するトップの強い意思表示と、労働時間の適切な管理という「仕組み」の両輪で、長時間労働をしない、させない風土改革が進んでいくものと考えます。

第5節 規程・協定書の整備

1. 主要規程の整備ポイント

(1) 就業規則本則の整備

　健全な会社の成長という観点からみた場合、その人事・労務上の根幹をなすのが就業規則といっても過言ではないでしょう。就業規則本則には、会社としての基本的な就業ルールの他、労働時間、雇用形態、雇用年限といった会社の将来性、財務内容にも大きな影響を与える部分が多々存在します。

　とくに、定年後の再雇用制度の設計、休職、休暇の取扱いといった部分は、設計を誤ると会社としての将来の成長の足かせとなってしまう可能性があります。就業規則には、労働基準法上、必ず記載を求められる項目が存在するため、その部分の初期設計と各成長段階に応じた適切な見直しを実施できているかどうかが大きなポイントとなります。

(2) 主要規程類の整備

　健全な会社成長のためには、就業規則本則のほかに、**図表6-4**のような主要規程類の整備をあわせて行っておくとよいでしょう。

　とくに、給与規程については、人事制度のうち給与制度を明確にするだけでなく、割増賃金の算定基礎といった労務コンプライアンス面にも配慮した設計を心掛けるべきです。この部分が不十分であると、会社の成長にとって重要な時期に社内もしくは社外からの指摘によって、ネガティブな設計の見直しを余儀なくされることもあるためです。

　また、これらの主要規程類は会計処理あるいは税務処理の根拠ともなります。就業規則本則と同様に、人事労務および会計・税務を一体的に考えて会社の現在と将来的成長ステージを見越した設計をするとよいでしょう。

図表6-4　主要規程類

代表的な規程類	整備の趣旨
給与規程	人事制度とあわせて処遇を記載します。
退職金規程	会計・税務上の取り扱い、支給条件を明文化します。
出張旅費規程	会計・税務上の費用負担根拠を明確化します。
慶弔見舞金規程	慶弔事由が発生した際のコストを明確化します。

2. その他諸規程の整備と文書化のポイント

(1) 代表的なその他の諸規程類

　前節では、主に会社の創業から成長段階のいずれにおいても必要な就業規則本則および主要規程類に関して解説してきました。ここでは、残る諸規程類の整備に関して述べたいと思います。

　先に解説した規程類が成長段階における「攻め」の規程類であるのに対して、次にご紹介する規程類はいわば「守り」の規程類といえるでしょう。

　まず、「ハラスメント防止規程」に関してですが、セクシュアル・ハラスメ

図表 6-5　その他諸規程

代表的な規程類	整備の趣旨
ハラスメント防止規程	万が一の場合の企業リスクの低減のために、整備します。
育児・介護休業規程	各成長段階に応じたコスト・コントロール、優秀人材のリテンション策として機能します。

ント、パワー・ハラスメントは、万が一、発生してしまうと会社にとって重大な損害賠償リスクが表面化する可能性のあるセンシティブな問題でもあります（詳しくは第7節で触れます）。事前に、予防体制および発生時の適切な相談・解決体制を明文化しておくことにより大きなトラブルにいたることを予防できる可能性があります。

　次に、「育児・介護休業規程」は昨今のダイバーシティ・マネージメントの広がり、労働者側の労働法知識の高まりを受けて、単純にコンプライアンス水準を満たすのみでは不十分となりつつあります。積極的なリテンション策の一環として、制度の作り込みがますますもって求められている部分ですが、コストとの兼ね合いも考慮する必要がある規程でもあります。

（2）規程類の文書化のポイント

　IPOを目指す場合、就業規則本則、主要規程類およびその他諸規程について確実な文書化と、それに基づいた組織的運営体制の整備がポイントとなります。具体的には、単に法令最低水準を形式的に明文化するだけでは、不十分です。実際に、運用実態を含めて審査対象となるため、導入後の運用面のコンプライアンス確保に向けた事前の検討が必要となります。

3. 協定類の整備ポイント

（1）36協定以外の代表的な協定類

　ここでいう協定類とは、労働法上は「労使協定」というものに該当します。

労使協定は、労働者の過半数が加入する労働組合、または労働者の過半数代表者と会社の間で結ぶ書面による協定を意味します。代表的なものに「36協定」がありますが、こちらは第4節で詳しく触れたところです。ここでは、36協定以外の代表的な協定類についてみていきます。

（2）各種協定類の整備ポイント

　会社が成長するにつれ、各種福利厚生制度も複雑化するのが一般的でしょう。その際に、見落としがちなのが協定類の整備および更新です。とくに、「賃金控除に関する協定」は給与の控除項目に変動があるたびに記載内容を見直し、再締結が必要な協定です。

　また、「一斉休憩の適用除外協定」についても同様に必要に応じて見直しが必要となります。一般的に、シフト、会社のオペレーションが複雑化するにつれて、例外的な休憩の取得パターンが増加する傾向にあるためです。

　「育児・介護休業の適用除外協定」については、創業期と成長・拡大期では整備方針が異なってくる傾向にある協定といえます。なぜなら、法定福利面を必要以上に強化できない創業期では、合法的に各種休暇・休業制度の除外ができる対象者については極力対象外として適用除外する傾向にあります。一方で、成長期にさしかかり、優秀な人材の継続的な雇用を意識する段階になると、今度は逆に制度対象者を拡大する傾向にあります。

　つまり、協定類の整備についても規程類と同様に、その会社の成長ステー

図表6-6　各種協定類のポイント

代表的な協定類	概要
賃金控除に関する協定	法律上の控除根拠のある税金・社会保険料以外の項目を給与から控除する場合に締結します。
一斉休憩の適用除外協定	全員が休憩を一斉に取得できない場合（任意の時間帯や交代制等）に締結します。
育児・介護休業の適用除外協定	一部の労働者について、育児・介護休業法上の制度の適用を除外する場合に締結します。

ジに合わせた機動的かつ先を見越した整備が必要といえるのです。

第6節 パートタイム労働者の社会保険未加入問題

　会社は、正社員を健康保険や厚生年金保険等の社会保険に加入させていると思いますが、いわゆるパートタイム労働者等の短時間労働者を社会保険に加入させていないケースがよくみられます。ここでは、パートタイム労働者の社会保険未加入問題について触れたいと思います。

1. 社会保険の加入基準

　パートタイム労働者等の短時間労働者であっても、次の①および②の要件に該当する場合、雇い入れの日または要件を満たした日時点から、社会保険に加入させる必要があります。

①１日または１週間の所定労働時間がその事業場で同種の業務に従事する正社員の所定労働時間のおおむね４分の３以上であること
②１ヵ月の労働日数がその事業場で同種の業務に従事する正社員の所定労働日数のおおむね４分の３以上であること

　なお、①②はあくまで目安であり、雇用契約上では労働時間・労働日数ともに正社員の４分の３に達しない場合でも、就労の実態が継続的に４分の３以上となる場合等、被保険者として取扱うことになっています。
　パートタイム労働者のなかには、配偶者の扶養から外れたくない等の理由から社会保険の加入を希望しないケースもあると思われますが、希望の有無

にかかわらず、要件を満たせば強制的に加入させる必要がありますので注意が必要です。

なお、会社によってはパートタイム労働者であっても一定の試用期間を設けている場合がありますが、①および②の要件を満たしていれば、雇い入れの日から加入させる必要があります。

2. 社会保険上の報酬

社会保険料は「標準報酬月額×保険料率」で計算され、原則、会社と社員で半分ずつ負担することになります。

標準報酬月額は、毎月、社員に支払う給料等の報酬により決定されますが、社会保険上の報酬とは、賃金、給料、俸給、手当、賞与等名称に関係なく、会社から労働の対償として支払いを受けるすべてのものをいいます。賞与は、年3回までの支給であれば報酬に該当しませんが、給与規程や労働協約等の諸規程で年4回以上の支給が客観的に定められている場合には、報酬に該当するとされています。なお、年3回までの賞与については、「標準賞与額×保険料率」で算出した社会保険料が発生します。

また、社会保険の報酬には、現物で支給されるものも含まれます。その代表的なものとしては、「食事」（給食・食券等）や「住宅」（社宅・寮等）、「現物で支給される通勤定期券」があります。食事や住宅の現物給与の価額については、都道府県ごとに厚生労働大臣により告示で定められ、この価額に基づき金銭に換算し、報酬に含める必要があります。

3. 行政機関（年金事務所・会計検査院）による実態調査

社会保険を管轄する日本年金機構では、社会保険の事務が適切に行われているかどうか確認するため、3～5年に1回程度、年金事務所による事業所

への立ち入り調査を実施しています。

　厚生年金保険法において「厚生労働大臣は、被保険者の資格、標準報酬、保険料または保険給付に関する決定に関し、必要があると認めるときは、事業主に対して、文書その他の物件を提出すべきことを命じ、または当該職員をして事業所に立ち入って関係者に質問し、若しくは帳簿、書類その他の物件を検査させることができる。」とされており、調査を拒否することはできません。ただし、調査日時を指定されている場合で、やむを得ず都合がつかない等により、日時の変更を申し入れることは可能です。

　また、年金事務所が適切に業務を行っているかを調査するため、年金事務所の上位機関である、会計検査院も関与する形で年金事務所が会社の調査を行うこともあります。この場合、より厳密に調査が実施されることが多いようです。

　社会保険に関する調査においては、次のような点を、重点的に確認が行われます。

　　①社会保険の加入が適正に行われているかどうか
　　②届出されている月額報酬が適正であるかどうか
　　③賞与支払届の提出が適正に行われているかどうか

　とくに①の、本来加入させなければならないパートタイム労働者が未加入であることが判明した場合、本来の加入日（最大2年間）までさかのぼって加入するよう指導されることがあります。この場合、会社負担分だけでなく社員負担分の追加保険料の納付が必要になります。パートタイム労働者との話し合い次第にはなりますが、会社が適切に対応していなかったということで会社が全額を負担せざるを得なくなり、結果として、以下のように多額のキャッシュアウトとなってしまう場合があります。

> たとえば月給11万円のパートタイム労働者10名が2年間未加入のケース
> 11万円×（9.96%[※1]＋17.828%[※2]）×10名×24カ月＝**733.6万円**

※1　2016年度協会けんぽ（東京都）の保険料率
※2　2016年度厚生年金保険料率

　このように、パートタイム労働者の社会保険未加入の問題は、会社の大きなリスクになり得ます。このような事態を防ぐためにも、行政機関の調査が入る前から、加入が適正に行われているかどうかチェックする体制の構築が必要になります。

4. 社会保険の適用拡大

　2016年10月より、「特定適用事業所」に勤務するパートタイム労働者等の短時間労働者で以下の要件を満たす場合、新たに社会保険の適用対象となります。

要件

①週の所定労働時間が20時間以上であること
②賃金の月額が8.8万円（年収106万円）以上[※1]であること
　※1　賞与、割増賃金、通勤手当、家族手当等は含まれない
③勤務期間が1年以上見込まれる[※2]こと
　※2　雇用契約期間が1年未満であっても、契約更新しない旨が明示されていない限り、1年以上の勤務が見込まれると判断
④学生ではないこと

　「特定適用事業所」とは、会社全体の社会保険被保険者数の合計が、常時500名を超える事業所のことをいいます。なお、常時500名を超えるとは、2016年9月以前の適用拡大前の基準による被保険者数で、1年のうち6カ月以上500名を超えることが見込まれる場合とされています。

　上記要件を満たすパートタイム労働者を抱えている会社では、新たに社会保険への加入が必要になりますので注意が必要です。

第7節
その他労務諸課題への対応

1. 安全衛生管理体制の整備

　労働災害の防止は会社の責任であり、労働安全衛生法では会社が自主的に安全衛生活動に取り組むよう管理体制について定めています。

　労働災害や健康障害を防止するためにも、安全衛生管理体制の整備は重要になりますので、法定の有資格者等の選任・設置の要件をしっかり理解しておく必要があります。

　業種や社員数ごとに必要な安全衛生管理体制は図表6-7になります。ここで注意すべき点は、会社単位ではなく事業場単位で整備することが必要ということです。本社だけでなく支店等の拠点ごとに必要な安全衛生管理体制の整備をしなければなりません。

(1) 安全管理者・衛生管理者・(安全)衛生推進者の選任

　「安全管理者」は、安全衛生業務のうち安全にかかわる技術的事項を管理させることとしており、厚生労働大臣の定める研修を終了した者等から選任する必要があります。

　「衛生管理者」は、安全衛生業務のうち衛生にかかわる技術的事項を管理させることとしており、衛生管理者免許試験に合格した者等から選任する必要があります。

　「安全衛生推進者」は、10人以上50人未満の事業場で選任が必要になります(安全推進者の選任を要しない会社は「衛生推進者」の選任が必要)。この「安全衛生推進者」の選任と周知に関しては、整備されていない事業場をよく目にしますので、モレのないよう注意が必要です。

（2）産業医の選任

「産業医」は、必要な要件を備えた医師のなかから選任する必要があります。社員の健康管理について必要な勧告を行う等の他、毎月1回の作業場の巡視、衛生委員会への出席等が義務づけられています。

（3）安全委員会・衛生委員会の設置

「安全委員会」「衛生委員会」（あわせて「安全衛生委員会」とすることも可）は、毎月1回以上開催する必要があります。

委員会では、社員の危険防止対策や労働災害防止対策等に関する事項、健康障害防止対策に関する事項等について審議をする必要があります。

なお、委員会の議事の内容を社員に周知し、重要な議事は記録して3年間

図表6-7　業種や社員数ごとに必要な安全衛生管理体制

	業種別の社員数			選任・報告
	建設業等	製造業等	その他	
総括安全衛生管理者	100人以上	300人以上	1,000人以上	14日以内に選任し、所轄労働基準監督署に報告
安全管理者	50人以上　※すべての業種が対象にはならず、選任義務のある業種は限定されている			
衛生管理者	50人以上　※すべての業種が対象。事業場の規模により選任人数が増加			
安全衛生推進者	10人以上50人未満			14日以内に選任し、社員に周知
産業医	50人以上　※従業員3,000人超の場合は2人以上選任等別要件あり			14日以内に選任し、所轄労働基準監督署に報告
作業主任者	危険有害な特定作業			社員に周知
安全委員会	100人以上（建設業等は50人以上）		―	―
衛生委員会	50人以上		―	―

保存することが必要になります。

2. 法定帳簿の整備

　労働基準法では、会社は事業場ごとに「労働者名簿」と「賃金台帳」を調製することを義務づけています。いずれも記載すべき項目が定められており、漏れがないよう注意が必要です。

（1）労働者名簿……日雇い労働者を除くすべての労働者が対象

- 氏名
- 生年月日
- 履歴
- 性別
- 住所
- 従事する業務の種類（30人未満の場合は省略可）
- 雇い入れの年月日
- 退職年月日およびその事由（退職の事由が解雇の場合、その理由）
- 死亡年月日およびその原因

（2）賃金台帳……すべての労働者が対象

- 氏名
- 性別
- 賃金計算期間（日雇い労働者はのぞく）
- 労働日数
- 労働時間数
- 時間外労働、休日労働、深夜労働の各時間数
- 基本給、手当その他賃金の種類ごとにその額
- 賃金の一部を控除した場合、その額

なお、「労働者名簿」と「賃金台帳」をあわせて調製することも可能です。

これらの法定帳簿の保存期間は、最後に記入した日から3年間です。しっかりと保管体制も整えましょう。

3. 請負の適正化

請負とは、民法で「当事者の一方がある仕事を完成することを約し、相手方がその仕事の結果に対してその報酬を支払うことを約することによって、効力を生ずる」（民法632条）と規定されています。

一方、よく似た形で労働者派遣事業がありますが、これは派遣元事業主が自己の雇用する労働者を、派遣先の指揮命令を受けて、この派遣先のために労働に従事させることを業として行うことをいいます。

請負と労働者派遣の違いですが、請負には、注文主と労働者の間に指揮命令関係が生じないという点にあります。したがって、請負契約により行われる業務であっても、注文主と労働者の間に直接指揮命令関係が生じている場合には、実態としては労働者派遣に該当すると判断され、いわゆる偽装請負となるおそれがあります。

また、指揮命令関係以外でも、問題となるケースとしては、次のようなケースがあげられます。

①発注者の設備や機器（作業スペース、机、パソコン）等を無償で使用し、発注者の労働者と混在して業務を行っている。
②請負代金が、仕事の完成による「一式〇〇円」という決め方ではなく、日給又は時間給で決められている

実際には、請負なのか労働者派遣なのかを判断することは容易ではありませんが、万が一、偽装請負の状態で労災事故が発生した場合には、非常に大きな問題となってしまいます。

行政から出されている「労働者派遣事業と請負により行われる事業との区分に関する基準」(昭和61年労働省告示第37号)等を参考にしながら、契約書の内容のみでなく、実際の運用も含めて適正な請負形態であることを定期的に確認する必要があります。

4. ハラスメントへの対応

　近年、セクシュアル・ハラスメント(以下、セクハラといいます)やパワー・ハラスメント(以下、パワハラといいます)等のハラスメントが社会問題化しています。

　職場でハラスメントが発生すると、社員のモラールダウン、企業イメージの低下、人材の流出、訴訟による慰謝料の支払い等、大きな問題となるリスクが生じてしまいますので、しっかりとした対策が必要になります。

　男女雇用機会均等法により、会社はセクハラ防止のために、雇用管理上、次のような措置を講じなければならないとされています。

(1) 事業主の方針の明確化および周知啓発

　123頁のとおり就業規則等により、セクハラがあってはならない旨の方針を明確にし、社員へ周知する必要があります。セクハラ防止に関する研修を実施する対応も考えられます。

(2) 行為者に対する対処方針の明確化および周知・啓発

　セクハラ防止に関する規律を就業規則で定めたり、性的な言動を行った者に対する懲戒規定を設ける等、行為者に対する対処方針を明確にするとともに、社員へ周知する必要があります。

(3) 相談窓口の設置

　相談窓口を設置して社員に周知し、セクハラが生じた場合に適切に対応す

る体制を構築する必要があります。

（4）セクハラに関する事後の適切な対応

　セクハラが生じた場合に適切な対応がとれる体制を整えたり、再発防止の措置を講ずる必要があります。

　なお、パワハラについてはその禁止を定めた法律はありませんが、職場でのパワハラにより、社員が精神疾患を発症した場合には、行為者だけでなく会社も法的責任を問われる可能性があります。セクハラと同様に、パワハラに対する方針の明確化や相談窓口の設置等、積極的に対応していく必要があるといえるでしょう。

第7章

個人経営から組織経営へ
あるべき組織の形

　会社の規模が小さいうちは、社長を含めた各社員が1人何役もこなして柔軟に組織を運営することが可能です。顔をみれば仕事がわかるといった、いわゆる人に仕事が紐づいている状態です。ただし、このような属人的な組織運営は会社の規模が小さいからこそ有効な組織体制ではありますが、社員が50人、100人と増えていく成長過程の会社では、いつまでも属人的な組織運営を行っていては成長の妨げとなる危険すらあります。

　本章では、組織形態の類型を比較・検討しながら、個人経営から組織経営へ脱却するために最低限必要な組織のルールとは何か、組織の弊害や組織を活性化するための方策を考えていきたいと思います。

第1節
会社組織はどうあるべきか？
組織形態の類型

1. 3つの基本類型

　会社組織を運営していくためには、営業・製造・開発・経理といった「機能」を有効活用できる組織づくりを意識する必要があります。また、会社組織は対外的な活動によって利益を出すことが必要であり、今日のように市場環境の変化が激しい時代においては、「市場に適した組織」であることも重要です。

　自社に最適な組織形態を考えるにあたっては、この2つの側面、すなわち

「機能の有効活用」と「市場への適合」を考える必要があり、この２つの側面から、会社組織は以下の３つの基本類型に分類することができます。

①機能別組織
②事業部制組織
③マトリクス型組織

（１）機能別組織

　機能別組織とは、営業・製造・開発・経理・人事といった「機能」別に部署が分かれている組織形態をいいます（図表７−１参照）。機能別組織は、会社が成長するにつれて、部門を分けて拡大させることができます。たとえば、営業部であれば担当得意先ごとに営業１課・営業２課と課に分けたり、さらには、営業エリアに応じて、国内営業部や海外販売部を設けることも考えられます。製造業等一連の事業活動のなかで、機能ごとに担うべき役割が明確な業種に適した組織であり、従来の日本企業では多くが機能別組織を採用してきました。

　機能別組織では、同じ機能を集約させるため、部門間で業務の重複がなくなり、効率的な組織運営が可能となります。それぞれの部門では、その機能ごとの専門化が進みやすくなるため、専門人材の育成やノウハウの蓄積が可能にあるといったメリットが考えられます。

　一方で、機能別組織では、それぞれの機能を有した部門がその部門のことしか考えなくなるといった部分最適に陥ってしまうリスクがあります。営業はモノを売ることだけ、製造はモノを作ることだけ、しか考えなくなり、営業部門と製造部門が陰口をいい合っているというのはよくある話です。こうした部分最適に陥ってしまうと、全体最適の視点をもった将来の経営を担う人材が育ちにくくなるという一面もあります。

図表 7-1　機能別組織

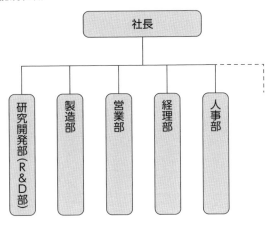

（2）事業部制組織

　事業部制組織とは、「機能」をひとまとめにした事業部が複数ある組織形態をいいます（図表7-2参照）。単一のA事業を行っている段階では、経営者は、各機能の成果を最大化させることに気を配ればよいわけですが、会社がさらに成長し、異なるB事業・C事業に拡大していくと、各機能に求められる役割や能力が異なってきます。そこで、事業ごとに機能を分け、事業単位でとりまとめを行う責任者をおく必要が出てきます。事業部制組織は、一定の規模に成長した会社では有効な組織といえるでしょう。

　事業部制組織の特徴は、各事業部に権限委譲が行われ、事業部長は事業部の各機能を取り仕切る大きな権限をもつ一方で、事業の長として利益責任を負う、ということがあげられます。事業部制組織では、各事業部のなかで機能が完結するため、機能別組織で陥りがちな部分最適が解消され、事業部長のもと迅速な意思決定が可能になります。また、各機能を取り仕切り事業部の成績を向上させることは、小さな会社を運営していくことにもつながるため、全体最適の視点をもった人材が育成されるという効果も考えられます。

　ただし、大きくなりすぎることで、機能や人員が重複し非効率が発生し得ますし、力のある（利益の大きい）事業部が自部門の利益を優先し、結果的

図表 7-2　事業部制組織

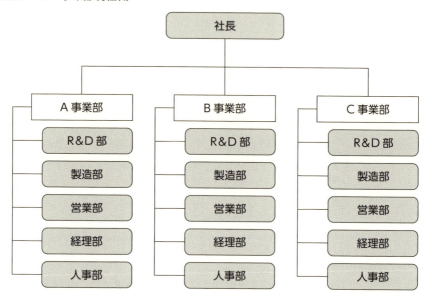

に部分最適になってしまうという側面もあります。

　事業部制組織をさらに進め、事業部の独立性、自己完結性を高めていくと1つの会社と変わらない形態となります。これを「カンパニー制」と呼びます。カンパニー制は、組織の類型の1つですが、本章では、事業部制組織の発展形態として事業部制組織に含めて取り扱うこととします。

（3）マトリクス型組織

　マトリクス型組織とは機能別組織と事業部制組織をミックスしたもので、縦軸に機能別部署をおき、事業部制組織の横串を刺すイメージです（図表7-3参照）。

　マトリクス型組織では、縦串と横串をさすことで、組織として情報伝達や共有が行われやすくなり、組織全体として最適な意思決定が可能となり、全体最適の視点をもった人材も育ちやすくなるといえます。

　一方で、マトリクス型組織では、A事業部の所属であると同時に、機能別

図表 7-3　マトリクス型組織

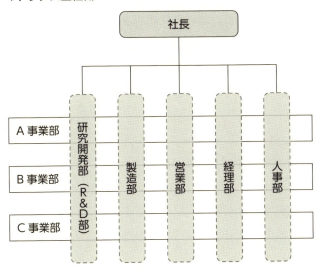

組織にも属しているため、指揮命令系統が 2 つになります。すると、責任や権限の所在が曖昧になったり、部門や社員の評価が難しくなることで、組織のマネジメントが複雑化することになります。

　マトリクス型組織は、グローバルに展開する大企業でも採用されていますが、規模がそれほど大きくなくとも採用することができますし、プロジェクトごとでサービス提供を行うような業態には適しているといえます。

2. 組織設計にあたって考慮すべき要素

　ここまで組織の 3 つの基本類型を紹介してきましたが、それぞれの組織形態には長所短所があります。一概にどの組織形態がよいというものではなく、複数の要素を考慮した上で、最も自社に適した組織を設計することが重要になります。ここでは、組織設計にあたって考慮すべき 4 つの要素について考えたいと思います。

（1）組織の規模

　通常、組織の規模が小さい間は機能別組織を選択することが一般的で、組織が大規模になるほど事業部制組織を選択する傾向が強くなります。これは、事業部制組織では各事業に機能が分散するため、組織規模が小さいにも関わらず事業部制を採用すると、機能重複による非効率な組織となってしまうためです。

（2）資産（資源）の共有効果

　事業部制組織と比較し、機能別組織であれば各機能（営業機能や生産機能等）を1つの部署で管理することになります。

　たとえば、A事業とB事業という2つの事業を抱えている場合を考えてみましょう。組織の資源（ヒト・モノ・ノウハウ等）を共有するメリットが大きいほど、機能別組織が有利になります。

① A・B事業で同じ生産設備を使用することが可能な場合。
　⇒事業部ごとに製造機能を分けずに、「製造部」として集約することが、効率的な事業運営という点から有利。
② A・B事業の製品販売において、営業担当者に必要とされるスキルが同じである場合。または、ターゲットとする顧客が同じである場合。
　⇒事業部ごとに営業機能を分けずに、「営業部」として集約することが有利。
③ A・B事業の研究開発に必要な技術・知識が共通している（横展開可能な）場合。
　⇒事業部ごとに研究開発機能を分けずに、「研究開発部」として集約することが有利。

（3）市場変化のスピード

　市場変化のスピードが速い場合、事業部制組織では各事業部長が市場変化

にあわせた生産、販売の判断を行うことになり、わざわざ社長の判断を仰ぐ必要がないことから迅速な対応が可能です。一方、機能別組織では各機能を統合するセクションは社長しかいないため、社長が判断する必要があります。

現場から遠いほど、迅速な対応が困難になるため、市場変化のスピードが速い場合には意思決定を迅速に行うことができる事業部制組織の方が有利でしょう。

また、本来であれば、社長は会社の長期戦略策定に注力すべきですが、日々変化する市場環境に逐一対応することで忙殺されてしまうと、どうしても短期的な経営判断に寄ってしまうというリスクがあります。

（4）人材育成方針

機能別組織は営業・経理といった各機能を集約することから、各機能の知識・経験を蓄積・共有しやすい組織なので、「スペシャリスト」を育成するのに向いている組織形態といえます。

一方、事業部制組織は事業ごとに知識・経験が分散しがちになり、スペシャリスト育成には不向きといえます。ただし、事業部制組織では、事業運営に必要な機能がひととおり揃っており、事業部長は営業・製造・開発・経理・人事すべてに責任をもって事業運営を行うことから、「将来の経営者を育てる」という目的に向いている組織形態といえます。

3. 実際の組織類型の例示

（1）ミックス型組織の事例

では、これらの要素を考慮した結果、実際にどのような組織設計がなされているのか例をあげてみましょう（図表7-4参照）。この事例からは以下の特徴がみられます。

①研究開発機能のうち、基礎研究室が事業部から独立している。

図表 7-4　ミックス型組織の事例

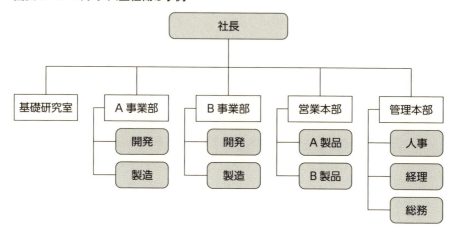

- 基礎研究分野はA事業、B事業でノウハウ・技術を共有・蓄積することが有効である。
- 基礎研究分野は、短期的な市場の要求に応えることが目的ではなく、長期的な商売のタネを発掘することを目的としている。

②開発・製造機能は、事業部制組織となっている。
- 開発段階になると、各事業部の「色」が異なる。
- A事業とB事業で工場ロケーションが別々にある。もしくは、同じ工場敷地内でもラインが別になっており、資源（作業者、設備、材料）を共有していない。

③営業機能は機能別組織として事業部から独立し、A事業製品もB事業製品も扱っている。
- A製品とB製品の顧客が同じであり、必要な商品知識も類似している。
- A製品とB製品が補完関係にあり、クロスセル（合わせ売り）が可能。
- A製品とB製品の販売チャネルが同じ。

④経理・人事・総務機能も機能別組織として事業部から独立。
- これらの間接機能（とくに経理・総務機能）は事業部によって必要な

スキルに差が生じにくい機能であり、機能別組織として一元管理するケースが多い。
- 一方、人事機能については、各事業部で必要な人材像が異なることもあり、人事機能を事業部のなかに設置するケースもある。

（2）ベンチャー企業における組織

　創業間もないベンチャー企業では、社長がすべての機能を担っており、組織設計どころではないかと思いますが、会社が軌道に乗り、人が増えてくると組織設計を考える必要があります。一概にいえませんが、10人を超えれば立派な組織であり、組織設計が必要です。

　この時期のベンチャー企業では、営業や生産、管理等の機能に分けた機能別組織とすることが一般的ですが、小さな組織ですので、全員が主体的に動く必要があります。所属する部門の「機能」にだけ特化していればよいというわけではなく、回りの環境や状況変化にあわせて、自分の部門や専門以外の分野にも柔軟に動ける体制が必要です。

第2節 個人経営から組織経営へ

1. 成長途上にある組織の留意点

　前節では組織の3つの基本類型をみてきましたが、事業部制組織を採用するのはある程度規模の大きな会社に限られ、多くの中堅中小企業では機能別組織を採用しているのが実態でしょう。また、組織的な経営を実施しているというよりは属人的な経営に留まっているのが実情かと思います。

　従業員数が少なく、お互いの顔がみえるくらいの組織であれば、あうんの呼吸で仕事を回すことも可能でしょう。この段階の組織では、仕事は人につ

いています。また、すべての経営判断を社長一人が行うような文鎮型の組織の方が効率的な事業運営が可能でしょう。

一方、会社が成長するにつれ社員数が増えて組織が大きくなると、社長がすべてを把握することが困難になります。社長が社員の顔をみても普段何の仕事をしているのかよく分からない、といった状況になれば要注意です。また、多店舗展開を行ったり、本社以外に支店を出す、といった物理的に離れた場所で業務を行うようになれば、社長一人がすべてみることは現実的に不可能です。

この段階で組織は個人経営から組織経営へステップアップする必要があります。個人経営から組織経営へ移行するには、業務分掌と職務権限を適切に設定する必要があります。

2. 業務分掌と職務権限

まず、業務分掌とは、各部署の「仕事の守備範囲」を決めることです。それまで特定の個人についていた仕事を組織につけることで、特定の個人に偏っていた業務の負荷を平準化させることや、効率的な業務の流れを作ることが目的です。業務分掌を検討する際は、仕事のモレ・ダブリ（非効率）がないように注意しなければなりません。

次に、職務権限とは、各役職者（部長・課長等）に権限を付与することです。組織の規模が大きくなるとすべてを社長が判断することが困難になるため、徐々に部下に権限を譲り渡していく必要があります。

たとえば、100万円以下の固定資産を購入する場合には部長が決裁すれば良しとする等です。この場合でも、社長は部長に完全に任せきりにするのではなく、重要な項目については事後でよいので社長に報告するルールにする等、一定のモニタリングを効かせておく必要があります。

3. IPOにおける業務分掌と職務権限

　会社のさらなる成長手段としてIPOという選択をした場合、IPOを実現させるためには、上場審査において、「組織としてキチンとした体制が整えられている」というお墨つきをもらう必要があります。

　職務権限と業務分掌は、組織にとって「キチンとした体制」を整えるための第一歩となります。

　たとえば、何千万円もする設備を購入する場合、本来であれば社長や役員が慎重に検討を重ねて決定する必要があります。職務権限が整備されていない場合、部長や課長が勝手に購入を決めてしまいかねません。また逆に、数百円程度の備品購入までいちいち社長の決裁を取っていたのでは迅速な経営を害してしまいます。

　次に、業務分掌が整備されていない場合、誰が（どの部署が）担当するか不明確になり、仕事のポテンヒットが発生するおそれがあります。また、営業部長が経理部長の業務も兼ねると、自分の営業成績を良くみせるために恣意的に売上を操作することもできてしまいます。実際にそうした不正をするケースは少ないかと思いますが、健全な組織運営を行うために、しっかりと業務分掌を整備し、組織の内部牽制を図ることが重要なポイントです。

　業務分掌と職務権限は、組織の仕事をタテ（業務分掌）とヨコ（職務権限）に分けて、責任と権限を明確にするための仕組みです。この仕組みが誰の目からみても明らかになるようにルール化し、文書化するため、「業務分掌規程」「職務権限規程」を整備しておく必要があります。

第3節
成長期における組織の課題と弊害

　個人経営から組織経営へステップアップし、組織が徐々に大きくなると、新たな弊害が発生しやすくなります。本節では成長期における組織の課題と弊害についてみていきたいと思います。

1. タテ割りの弊害

　組織が肥大化し硬直すると、会社全体の事業活動に占める個々の担当者の役割の割合が小さくなります。そうすると、個々の担当者は自分の意識の届く範囲（＝自分の所属する部署）での最適化を優先し、「部分最適＞全体最適」な思考に陥り易くなります。俗にいう官僚型組織の弊害が発生しやすくなります。機能別組織の弊害として、部分最適が起こりやすいと述べましたが、組織の類型にかかわらず、どんな組織であっても肥大化しすぎると、全体最適の視点が欠けて部分最適に陥りやすくなります。

2. 意思決定スピードの鈍化

　中堅～大企業のように、組織が大きくなると中間管理職が増加し、末端の社員から社長までの距離が遠くなります。一般社員、主任、係長、課長、部長、役員、……、社長、といった階層が多くなると、情報伝達のスピード（情報の鮮度）と情報の濃度が落ちてしまいます。

　階層が多くなればなるほど、物理的に情報が伝達されるのに時間がかかってしまいますし、また、階層を上がっていくにつれて、都合の悪い情報、尖った情報がだんだんと丸くなり、現場の実情が伝わり難くなります。意思決定が遅れるだけではなく、現場の実情が伝わらないがために誤った判断を

下してしまうかもしれませんし、現場の生の声が経営層に届きにくくなれば、現場社員から経営層に情報を上げようというモチベーションも下がり、正しい情報すら届かなくなるかもしれません。

3. フリーライダー

前述のタテ割りの弊害でも述べたように、組織が大きくなると、一人ひとりの仕事が組織全体に与える影響が弱くなるため、「自分が頑張らなくても、どこかの部署の優秀な誰かが頑張ってくれる」というフリーライダー（タダ乗りする人）が出てきやすくなります。このようなフリーライダーはごく少数だとしても、これをみた周りの「普通の人」「頑張っている人」のモチベーションが低下してしまい、組織全体としての生産性・競争力が低下しかねません。

第4節 組織を活性化させるために

前節でみた弊害はいずれも組織が肥大化したことによって生じるものでした。逆に考えれば、もう一度、組織を小さくすることでこれらの弊害を取り除くことが可能です。第1節で紹介した事業部制組織は、組織を小さくする1つの方法といえます。事業ごとに会社を「分解」し、事業運営に必要な機能（販売・製造等）をワンセットで揃えた事業部は、あたかも1つの大会社のなかに複数の小会社を作った形態とみることができます。

事業部制組織以外に組織を小さく分ける手段として、SBU（Strategic Business Unit：戦略事業単位）が考えられます。SBUとは、事業を戦略的に策定・遂行するための組織区分のことをいいます。会社によって、SBUの形はさまざまですが、必ずしも実際の組織体系と一致する必要はないものです。

複数の事業部から構成されることもある部門横断的な組織であり、事業部や部門といった既存の組織区分とは関係なく編成されます。戦略を遂行するための組織ですから、必要な権限とリソースが与えられる一方で、利益責任といった相応の責任も課せられます。組織横断的な単位を作ることで肥大化した組織を活性化させることが可能となります。

「小さい組織で速く回す」を最も実践している会社の1つとして京セラ株式会社（以下、「京セラ」といいます）がよいお手本ではないでしょうか。京セラでは、「アメーバ」という少数（10人以下）の小集団をつくり、アメーバ単位で採算を管理しています。これくらいの小集団であれば、各自のパフォーマンスがアメーバのパフォーマンスに直結するため、社員の採算意識が高まることが期待できます。

また、アメーバのリーダーにはメンバーの労務管理・計画策定等のアメーバ経営全般の責任を負うことになり、メンバーは目標達成に向けた創意工夫が求められます。まさに、「全員参加型経営」志向が根づきやすくなるでしょう。

成長するための仕組み 経営管理体制

　個人経営の会社や創業間もないベンチャー企業では、計数管理がずさんないわゆる「どんぶり勘定」の会社も少なくないのではないでしょうか。仕事を獲ってきて、目の前の仕事をこなすことを優先していると、どうしても「管理」は後回しになりがちです。管理部門にまでコストをかけられないという現実は理解できますが、会社をさらに成長させるためには、まずはしっかりと計数管理を行い、経営管理体制の充実を図る必要があります。

　経営管理体制は、一様にあるべき形が決まっているわけではありません。会社の規模や業種・業態によってもさまざまな手法が想定されますし、経営者の価値観や社風によっても大きく変わることがあります。ただ、個人経営から組織経営に移行するには、経営者個人の価値観ではなく、会社が継続的に収益を上げるための社内基盤が必要という点はすべての会社に共通しています。

第1節 会社を成長させるための経営管理

　経営管理といっても、それを構成する要素は複数あり、定義もさまざまです。

　ここでは、組織を効果的・効率的に運営し、継続的に収益を上げられる仕組みのこととします。つまり、経営管理は、経営ビジョンを達成するために「PDCA」サイクルを回していくことともいえます。

　PDCAとは、Plan・Do・Check・Actionの4つの段階を順次実施し、1周

図表 8-1　PDCA サイクル

Plan（計画）：	従来の実績や将来の予測等をもとにして計画を作成する
Do（実施）：	計画に沿って業務を行う
Check（評価）：	業務の実施が計画に沿っているかどうかを確認する
Action（改善）：	実施が計画に沿っていない部分を調べて処置をする

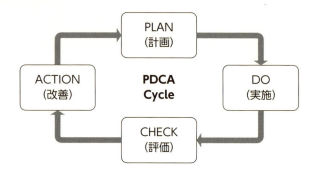

したら、最後の Action を次の PDCA サイクルにつなげ、螺旋を描くように1周ごとにサイクルを向上させて、継続的に業務改善する仕組みです。

　経営管理は、経営者の経営ビジョンを体系化した経営計画の策定に始まり（P）、その経営計画を実行するための組織体制や各部門における業務分掌・職務権限、業務プロセス、情報システムを通じて実績を出し（D）、月次等で定期的に評価を行う予算管理制度を整備し（C）、改善に向けた対策を行う（A）、といったサイクルを回し、目標達成に向けてあるべき組織にしていくという組織経営の要なのです（図表8-1参照）。

第2節 利益管理の整備

1. 利益管理の必要性

　会社は環境や市場のニーズに対応しつつ、利益を上げて、事業を継続していかなければなりません。会社は公の器であり、社会的役割を果たすことも期待されていると考えると、利益を上げることだけが会社の役割ではありませんが、事業活動の原資が利益であることは間違いありません。そこで、原資である利益を継続的かつ組織的に獲得できる仕組みを構築し、利益管理を行うことが必要となります。

　また、上場会社では、継続的に利益を上げ、その利益を株主に還元し、ステークホルダーに対する社会的責任を果たす必要があるため、上場審査においても利益管理制度の整備は最も重要視される事項の一つです。

2. 利益管理の要素

　この利益管理は、大きくは、経営計画の策定と予算管理から成り立っています。第3章で記載したとおり、経営計画は、会社が目指す経営ビジョンを明らかにし、それを実現するための経営戦略や行動計画をまとめたものです。経営計画は3年～5年の期間を対象とするため、その実現に向けては1年ごとに展開した年度の計画に落とし込む必要があります。経営計画の初年度を数値計画に落とし込んだものが予算であり、年度のアクションプランとあわせて年度計画や短期経営計画等とも呼ばれます。この場合、年度の計画と区別するため、3年～5年の経営計画は、中期経営計画と呼ぶことが一般的です。

　予算は、月次を管理サイクルとして、部門単位等に細分化した単位で整

図表 8-2　利益管理

備・運用が必要です。毎月、単月の予算とその実績を比較・差異分析を行い、毎月の取締役会等で報告し、対応策の検討を行います。これにより経営者はタイムリーに自社の経営状況を把握することができ、業績の動向が悪い場合は即時に対応策を講じる事ができます。

第3節　利益管理の要となる予算管理

1. 予算管理とは

　予算管理とは古くから管理会計の中心的課題として位置づけられてきました。そもそも予算とは、(中期)経営計画の戦略を1年間の数値計画に落とし込んだものです。予算管理は、その予算を「モノサシ」にして、経営者がPDCAサイクルを回すための仕組みといえます。(中期)経営計画は経営活動を直接的に統制するツールではありませんが、予算は年度に落とし込んだ計画を直接的に執行し、経営活動をコントロールするツールです。

経営環境が急速に変化するなか、正しい経営戦略を確実に実行し収益力を強化することは、会社にとって重要な課題ですし、経営者が会社の状況を適切なタイミングで正しく認識し、迅速な経営判断を行うための効率的な仕組みが求められています。

2. 予算管理制度の確立

（1）予算の体系

　一般的な予算の体系は、図表8-3のとおりです。予算は、一般的には損益予算、資金予算、投資予算に分類されます。さらに各予算のなかではカテゴリーごとに分解していきます。

①損益予算

　損益予算は、収益費用の予算であり、予算体系の中心に位置づけられます。損益予算は、さらに売上高予算、売上原価予算、経費予算と細分化されます。

　売上高予算は、製品別・商品別等のカテゴリーごとに分類し、単価や販売数量単位に分解して予算を積み上げることにより、予算が組み立てられます。

図表8-3　予算の体系

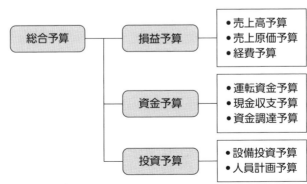

「前年度実績×110％」等一定の掛け目を乗じて売上高予算を設定することも考えられますが、明確な根拠・戦略に基づいた数値でなければ、予算は絵に描いた餅になってしまいます。

売上原価予算は、売上高と連動するため、製造業であれば生産計画、在庫計画とあわせて、材料費や労務費等に分けて策定します。

経費予算は、地代家賃や接待交際費、支払手数料といった勘定科目単位で予算を設定することが考えられます。ただ、勘定科目単位では、経費の内容が正確に把握できないため、補助科目を設定する等、細分化した単位で予算化することも有効です。

②資金予算

資金予算は、損益予算の結果と投資予算の結果から導きだされるものですが、あらかじめ決まっている長期借入金の返済スケジュールを織り込む必要があります。また、損益予算次第では、運転資金が増減するため、月次で資金繰り表に展開し、資金が一時的に不足する場合は資金調達を検討しなければなりません。

③投資予算

製造業等の設備産業では、生産計画を達成できるよう機械設備に対する投資は重要な意味をもちます。また、サービス業等の労働集約産業でも、新規採用といった人員に対する投資が重要になります。

通常、投資予算は、多額の資金が必要となるため、資金予算とあわせて、自己資金で賄えるのか、資金調達が必要なのか検討する必要があります。また、リース料の支払いや減価償却費を損益予算に織り込む必要があります。

（2）予算編成

予算の作成、すなわち予算編成の手続きはトップダウン方式とボトムアップ方式が考えられます。

予算管理は経営者から従業員まで組織全体が、その必要性を理解し、達成に向けて努力することが不可欠となります。したがって、予算は、経営者が

図表8-4　予算編成

①トップダウン方式	トップダウン方式は、経営者が各部門の予算を決定してしまう方式ですが、高すぎる予算が設定されがちであり、各部門の責任が曖昧になってしまうおそれがあります。予算自体は経営計画をブレイクダウンしてきたものであり、経営者が中心となって作成するべきですが、社長を中心にした小規模な文鎮型組織以外では採用すべきではないでしょう。
②ボトムアップ方式	ボトムアップ方式では、部門別に予算を積み上げることにより、作成する方法であり、各部門で扱っている製品や商品ごとに分解して予算を組み立てることが可能となります。ただ、各部から上がってくる数字だけでは、自部門の利益だけを考えたり、達成可能で無難な数字になりがちです。

経営計画に基づいた予算編成方針を明示して、各部門で方針に基づいた予算をボトムアップにより立案し、経営者と各部門間での調整を経て総合予算としてまとめられることになります。

こうした手続きを経ることで、各部門長は予算が自らの管理手段であるという認識を持ち、その実行についてより強く責任をもつことになります。

（3）予算統制

予算は立てるだけでは意味を成しません。実際の売上高や費用が実績として発生していく過程で、予算から大きく乖離がないように対策を練っていくことで、初めて予算を立てることの意義が出てきます。予算統制は、月次で予算と実績の差異を分析し、差異要因を追究することで、対策を立てて実行していくことをいいます。

予算編成段階で、各部門長に対してミッションを適切に伝達し、その各予算単位の責任・権限を明確にして、目標達成に十分かつ適切な権限を付与していれば、予算統制段階においても、責任範囲を明確にし、速やかに改善策の検討が可能となります。

3. KPIによる管理

(1) KPIとはなにか

　予算管理では、KPIが用いられることが多くなっています。KPIは「Key Performance Indicator」の略称で、「重要業績評価指標」という意味です。目標の達成度合いを計るための定量的な指標のうち、カギとなる重要な指標のことをいいます。

　予算統制段階では、月次で予算と実績の差異を把握・分析を行いますが、重要な点は、必要に応じて改善策を実行し、計画の実現可能性を高めていくことにあります。売上高や経費の予算と実績を比較することはもちろん重要ですが、そうした数字は事業活動の結果でしかありません。また、改善の結果や効率化の効果がでても、それがどの程度達成できたかということを具体的な数値で可視化しなければ、感覚的にしか把握できません。そこで、成果を図る指標としてKPIを設定する必要性がでてきます。予算を達成するため、PDCAサイクルを実行していくには、KPIをベースに比較分析をしていくとより分かり易く比較しやすいものになります。

(2) KPIを活用した管理

　KPIの設定は、単に売上や利益といった財務指標だけでなく、非財務指標も設定する必要があります（図表8-5参照）。また、当該指標を改善することで収益向上や業務効率化の成果が明確に現れるように各指標を設定しなければなりません。

　顧客や従業員、仕入・販売・物流・生産といった業務プロセスを軸にKPIを設定することが考えられます。また、製造拠点、物流センター、店舗・営業所等のそれぞれの部門における生産性やコスト等に着目して、KPIを設定することもできます。

　いずれにせよ、KPIは、継続的に改善活動につなげるために設定します。そのため、社内のデータ収集が容易でデータの収集・加工にあまりにも工数・

図表 8-5　KPI 設定の例

分類	KPIの例
財務	売上高、経常利益、製品・商品別利益率、ROE（自己資本利益率）、損益分岐点、人件費率
顧客	新規顧客獲得件数、問い合わせ件数、顧客訪問回数、クレーム発生件数（率）、返品率、客単価、リピート購買率
従業員	従業員定着率（離職率）、従業員満足度、教育訓練時間、一人当たり研修費用
業務プロセス	製品リードタイム、従業員一人当たり売上高、歩留り率、不良製品・商品発生率

コストがかかってしまうようでは、本末転倒ですので注意が必要です。

第 4 節　月次決算は確立されているか

1. 月次決算の必要性

　しっかりとした経営計画を作り予算をたてても、月次決算が行われていなければ、毎月タイムリーに予算と実績の差異を把握できず、予算を達成しているのか、未達なのか分かりません。また、2～3ヵ月遅れて月次の実績を把握しても有効な対策を検討できません。月次決算は、予算管理制度を有効に機能させるために必ず必要な手続であり、適時・適切に実施する必要があります。

　「毎月の数字の管理は、顧問の会計事務所にまかせっきりで、よく分からない」といった会社や「年1回の決算はしっかりとやっているし、利益も出ているから特段問題ない」といった会社もあるかと思いますが、月次決算の重要性をしっかりと認識する必要があります。

　IPO審査上では、年度計画に対する達成度を月単位で審査されますので、

予算編成能力を高め、月次決算の確立をベースに、PDCAのサイクルを運用することはIPO準備において重要なポイントですが、迅速な意思決定を行うためにはすべての会社にとって必要不可欠な仕組みです。

2. 月次決算制度

　決算というと、年度決算のことをイメージされると思いますが、月次決算は、利益管理に有効な情報を提供することを目的に、毎月の営業成績や財政状態を把握するために月ごとに行われる決算のことです。月次決算の結果を分析することで、予算の進捗確認を行うとともに、具体的な対策をとることができます。また、月次決算を適切に実施することにより、年度決算をより早く、適切に行うことができますし、精度の高い決算見込みを予測できます。

　月次決算では、スピードと正確性のバランスをとって行う必要があります。月次の実績を把握し、予算との差異を分析して経営判断の情報として価値をもたせるためには、遅くとも翌月10日以内には月次決算を作成することが求められます。また、月次決算での会計処理は、基本的には年度決算と同様の会計処理を行うことが求められます。売上や仕入の計上はもちろんですが、減価償却費や引当金も年間発生額を見積もり月割りまたは一定の基準を設けて按分する等の処理を行う必要があります。経費も未払計上するべきですが、一方で金額の小さい費用は概算計上してスピードを重視することも考えられ

図表8-6　月次決算の目的と効果

目的	効果
①経営管理に有効な情報を提供する。	現状を把握し、予算との差異を分析することで具体的対応策を検討することができる。
②年度決算の情報を整理する。	月次決算を積み上げることで、より適時・適切に年度決算を作成することができる。
③精度の高い決算着地見込みを予測できる。	利害関係者に対して、自社の状況をいち早く伝えることができる。

ます。

　つまり、月次決算では、年度決算と同様に発生主義ベースで行うことが原則ですが、1円単位の金額を算出するので時間がかかるようであれば、概算値で計上する等の正確性よりもスピードを重視することが実務上は必要になります。

3. 月次決算早期化

　月次決算は、タイムリーに経営判断を行うことが目的ですから、月次決算の早期化は重要なポイントです。

　月次決算はもちろん経理部門の業務ですが、経理部門が伝票入力や会計処理をいくら早く行ったとしても、月次決算を早期化するには限界があります。会計数値は企業活動の結果として表れてくるだけですので、月次決算の早期化には各部門の協力が不可欠です。営業部門が取引先からの請求書の確認を決められた期日どおりに実施する等、あらかじめ定められたスケジュールを周知徹底し、各部門でスケジュールの締め日を遵守してもらうよう認識する必要があります。

　また、全社的にシステムの見直しが必要になるケースも考えられます。売上につながる販売管理システムや仕入や売上原価につながる購買・在庫管理システムが十分に整備されていなかったり、実態と合わなくなっていると、手作業で数字を集計したり、経理に報告するために情報を加工する必要がある等、経理部門に情報が伝達されるまでに時間を要してしまい、月次決算が遅れる要因となります。システムが十分に整備できていない場合、会社の基幹業務システムから会計システムの一連の流れを整理して、見直しを検討する必要があります。

第5節
原価計算制度は整備されているか

1. 原価計算の必要性と目的

　原価とはある製品・商品の生産や販売のために消費した材料や労働等の価値を金額で表示したものです。製造業では、製品1個当たりの原価を把握することは重要事項だと認識されているかと思います。ただ、その重要性を認識していても十分な原価計算制度を構築・運用できている会社は多くないのではないでしょうか。

　通常、原価計算には図表8-7の5つの目的があるといわれますが、それぞれの目的を達成することができる有効な原価計算制度を構築する必要があります。

　期末に実地たな卸しを実施して、売上原価を算定している会社はよくあるケースかと思います。こうした会社では、図表内①の「財務諸表作成目的」の一部分しか満たしていないといえます。すなわち、年度の決算書を作成するために一番簡単な方法で計算しているだけなのです。

図表8-7　原価計算の目的

目的	内容
①財務諸表作成目的	正しい決算書を作成するために、正確な原価情報を提供します。
②価格決定目的	適切な利益を乗せて売価を設定するため、製品当たりの原価を把握します。
③原価管理目的	目標原価（標準原価）を設定し、実際原価と比較・分析することで、原価低減活動に役立てることができます。
④予算作成目的	原価情報を基礎として、精度の高い予算を作成することができます。
⑤経営の意思決定目的	原価情報を基礎として、経営計画を作成し、中長期の意思決定を行う判断材料となります。

前節の月次決算を行うためには、月次で原価計算を実施する必要がありますし、予算を作成するためには、原価がいくら発生し、目標といくら乖離しているのか分析しなければなりません。コストダウンをするにも基準となる原価を把握していなければその効果を適切に計ることはできません。このように原価計算は、組織的経営を行い、利益管理を行っていくために欠かせない仕組みなのです。

2. 原価計算の方法

　原価計算の方法は、会社の生産形態等実態とあった方法を採用する必要があります。一般的に、プロジェクト単位で動くサービス業（IT、広告等）や1つひとつ仕様の異なる製品を受注生産するような製造業（造船等）や建設業では、個別原価計算を用います。一方、同じ種類の製品を大量見込生産する業種では、総合原価計算が用いられます。

　また、実際に発生した原価をもって計算する実際原価計算と、標準単価・標準消費量に基づいて設定した標準原価により計算する標準原価計算があります。

　製造原価の計算には、基本的には①費目別計算、②部門別計算、③製品別計算の3つのステップに分かれます。

①費目別計算

　まず材料費や労務費といった費目別に発生した原価を集計します。この段階で、直接費と間接費を分けることが必要です。直接費とはその製品の製造に直接紐づけられる原価で、数量に比例して発生する原価です。具体的には材料費、直接人件費、外注費等が直接費に含まれます。間接費は生産に直接的には関連しない費用で、減価償却費、間接人件費（本社従業員等）、管理のための経費等があります。

②部門別計算

　費目別計算で把握した材料費等の直接費は、そのまま製品別の計算に用いられますが、間接費はいったん部門別に集計し、品質管理部門や生産管理部門等製造部門を間接的にサポートしている部門（補助部門）の費用を製造部門に按分計算し、負担させていきます。按分計算する際の基準は費用の内容に応じて、人数割合や電気消費量割合等が用いられます。

③製品別計算

　費目別計算で計算された直接費と部門別計算で按分された間接費を製品別に集計し、製品1個当たりの原価を計算します。

図表8-8　原価計算の基本ステップ

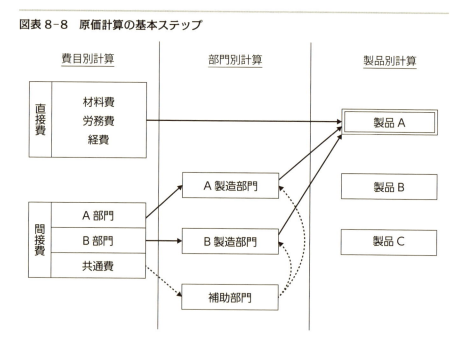

第9章

組織的経営の土台　ガバナンス体制

　会社が成長するにつれて、従業員や取引先、顧客、株主等会社を取り巻く利害関係者も増えてきます。個人経営であれば、オーナー経営者が細部まで目が届き管理もできますが、事業規模・従業員数が一定以上に拡大すると、経営者がすべてに目を光らせることは難しくなってきます。

　そこで、会社全体として、利害関係者相互の利害を調整しながら、事業をコントロールする仕組み（社内管理体制）が必要になってきます。IPOによりパブリックカンパニーを目指すのであれば、なおのこと、強固な管理体制を構築し、組織的経営を行う土台を整えなければなりません。

第1節　コーポレート・ガバナンス

1. コーポレート・ガバナンスとは

　コーポレート・ガバナンスとは経営レベルの管理体制で一般的には「企業統治」と訳されます。それ自体が広い概念のものであり、明確な定義は成されていません。歴史的な変遷はありますが、今日では「会社の不正行為を防止するとともに競争力・収益力を高め、中長期的な企業価値向上に向けた組織・経営の仕組み」と考えられます。つまり、コーポレート・ガバナンスの目的は、会社による不祥事を防止し、会社の収益力強化による企業価値の継続的な向上といえます。

2. コーポレート・ガバナンスの要素と機能

コーポレート・ガバナンスは、経営の透明性の向上、利害関係者への説明責任、経営責任者の責任の明確化といった要素で構成されており、会社の機関や会社組織の設計、内部統制の仕組みを構築・運用することで機能させていきます。

IPOを目指す多くの会社では、その準備開始段階で十分な内部統制が整備されていることは少なく、IPOのプロセスにおいて整備を進め、パブリックカンパニーへと成長していきます。最終的に上場企業には「コーポレート・ガバナンス報告書」の提出が義務づけられ、有価証券報告書においても「コーポレート・ガバナンスの状況」の記載が求められていることから、投資家をはじめとする利害関係者にとって会社を評価する際の重要な要素の1つであることが伺えます。

また、非上場会社であってもそれは同様であり、経営者による不祥事が起こると、結果的には会社の評判が落ち、会社の企業価値を毀損させることになります。このようなことからコーポレート・ガバナンスを強化し、企業価値を向上させることはすべての会社にとって重要な課題となっています。

第2節 機関設計

1. 会社法における機関

株式会社の機関とは、会社の意思決定や運営・管理をする機構や人のことをいい、会社法においては「株主総会」、「取締役」、「取締役会」、「監査役」、「監査役会」、「委員会（指名委員会・監査委員会・報酬委員会）」、「監査等委員会」、「執行役」、「会計監査人」、「会計参与」を設置することができます。

なお、「監査等委員会」は平成26年会社法改正においてコーポレート・ガバナンスの強化を図るため新設された機関であり、監査等委員3名以上で組織され、監査等委員は取締役でなければならず、かつ、その過半数は、社外取締役でなければなりません。

　上記のうち株主総会と取締役は、すべての株式会社に必ず設置しなければならない機関ですが、会社の成長にともない、それ以外の機関の設置が求められるようになり、IPOにおいても一定の機関構成が必要となります。

2. 会社の機関設計

　コーポレート・ガバナンス整備の骨格となるものに、どのような機関構成にするかという会社の機関設計があります。会社法では、改正を重ねるごとに機関設計の自由度が高まっており、株主総会および取締役以外の機関の設置については、複数のパターンから選択することができます。こうした複数のパターンから、自社の規模や成長ステージに照らし合わせて、機関の設計を行っていきます。

　たとえば、創業期にあるベンチャー企業では、機動的な会社運営のため、株主総会と取締役1名を設置しておくことが考えられます。これは、会社法上最もシンプルなパターンで、株主総会の召集手続を簡略化することができ、取締役会を構成する取締役適任者がいない状況にも対応可能です。

　その後、会社規模がある程度大きくなり、外部株主が加わった段階では取締役会を設置することが考えられます。取締役会を設置すると、監査役または会計参与のいずれかの設置が必要になり、会社の成長とともに機関も変化していきます。

3. IPOにおける機関設計の留意事項

　上場会社における主な機関設計は、①監査役会設置会社、②指名委員会等

図表9-1 主な機関構成

①監査役会設置会社

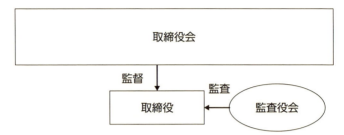

②指名委員会等設置会社

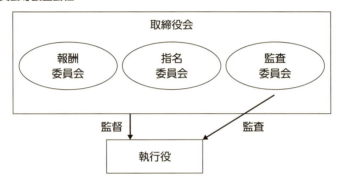

③監査等委員会設置会社

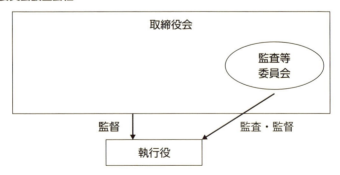

設置会社（平成26年会社法改正により従来の委員会等設置会社から名称変更されました）、③監査等委員会設置会社の3パターンになります。ここで、各パターンの詳細は説明しませんが、機関構成は図表9-1のとおりです。

　一般的には非上場会社で上場会社と同様の機関設計をしている会社はほとんどありませんので、IPOの準備期間中に機関の変更を行うことになります。それでは、どのようなタイミングで上記のような機関設計に変更するのが望ましいのでしょうか。会社法では、株式譲渡制限条項を定款から削除した時点で変更が必要となりますが、通常、譲渡制限の撤廃は上場申請の直前に行われます。これに対し上場審査では各会社機関が適切に設計され一定期間有効に運用されているか審査されます。このため、上場申請直前期の1年間は上記のいずれかの上場会社の機関設計の下で会社運営が行われることが必要といえます。

　平成26年会社法改正後、多くの上場会社が監査役会設置会社から監査等委員会設置会社へと移行を実施しています。その理由として次のようなことが考えられます。

　監査役会設置会社では、社外監査役が最低2名に加え、別途、社外取締役を最低1名選任しなければ、株主総会で「社外取締役を置くことが相当でない理由」を説明する義務が発生し（会社法第327条の2）、また、証券取引所のルールでは独立役員である社外取締役を1名以上確保するよう努めなければならないとされています（東京証券取引所　有価証券上場規程第445条の4）。これに対して、監査等委員会設置会社では、社外取締役を最低2名以上選任することになり（会社法第331条第6項）、上述の会社法上の理由説明が不要になるとともに取引所の努力目標を達成することにもなります。つまり、社外取締役および社外監査役といった社外役員が1名少なくてすみ、「社外取締役を置くことが相当でない理由」の説明や開示が不要となることが監査等委員会設置会社への移行の大きな理由だと考えられます。

　以上を踏まえて、機関設計とその移行は、慎重かつ適時に行う必要があります。

第3節

諸規程の整備

　組織が拡大していくにつれ、新しい部門が設置され、社員数も増えていくことでしょう。日常業務を進める上で、すべての事柄を個別に対応することはできないため、社内共通のルールを整備する必要があります。社内規程は会社の業務が組織的に運営されるために必要な基本的なルールを明文化したものであり、業務レベルの管理体制の中心となります。

1. 社内規程の整備

　社内規程の整備は、日常業務の運営を属人的な運用方法から組織的な運用ルールに移行させるために必要となります。規程集および業務マニュアルを作成することにより、日常業務のノウハウが文書化され、たとえ特定業務の担当者が退社して担当者が変更になったとしても、その業務に関連する規程やマニュアルが存在することにより業務に支障が生じることなく業務引継ぎ

図表9-2　社内規程の例

区分	規程
基本規程	定款、取締役会規程、監査役（会）規程、株式取扱規程
組織関連規程	組織規程、業務分掌規程、職務権限規程、稟議規程、関係会社管理規程、内部監査規程
業務関連規程	経理規程、販売管理規程、購買管理規程、原価計算規程、固定資産管理規程、棚卸資産管理規程、予算管理規程、外注管理規程、与信管理規程、個人情報保護規程
人事労務関連規程	就業規則、給与規程（退職金、賞与等の規程を含む）、人事考課規程、旅費規程、育児・介護休業規程、役員退職金規程
総務関連規程	規程管理規程、文書管理規程、印章管理規程、情報管理規程

が可能となります。一般的に作成が必要となる社内規程は**図表9-2**のとおりです。

IPOを検討する段階では、定款や就業規則くらいしか整備していない会社も多いかと思いますが、第7章でみたとおり、組織経営を行っていく上で最も重要な規程が「業務分掌規程」および「職務権限規程」です。これらの規程は、最優先で作成すべき規程といえますが、業務のたな卸しやルールの変更、権限の設定といった検討作業をともなう場合が多く、一般的には作成に時間を要します。

2. 規程整備の進め方

次に、規程整備のステップをご紹介します。

①現状分析の実施
すでに文書化されている規程を把握し、実態とのギャップを確認します。定款や労務関係の規程しか整備されていないケースが多いため、実際には業務実態の把握・分析から始めることになります。

②必要な管理水準の設定
自社で実行できる管理水準を見定めます。整備後、自社の実態にあわない規程や実際の運用ができない規程を作成してもまったく意味のないものになってしまいます。

③実際の制度設計
まずは、職務分掌と職務権限を整理し、これに基づいて各規程の制度を設計していきます。その際、関係部門との調整や改善策の検討が必要になります。

④文書化
制度設計をもとに規程を文書に落とし込んでいきます。

⑤承認

会社として決められたルールを公のものとするために、一定の権限者（機関）で規程を承認します。

⑥社内への周知・徹底

規程は作成するだけでは意味がありません。実際に運用されていることが重要であり、従業員に制度趣旨を理解してもらうための啓蒙活動が必要になります。

第4節 内部監査制度の整備

1. 内部監査とは

内部監査は、経営者に代わって経営者直属の担当者が、各部門の行う業務が法令や社内規程、マニュアル等のルールに準拠して運営されているかどうか、業務が効果的かつ効率的な経営が行われているどうかを検証する仕組みです。内部監査の結果は、経営者にフィードバックされ、業務改善や不正防止、業務の効率性向上に役立てられていきます。

2. 監査対象と他の監査との連携

内部監査は、会社の全部門を対象とし、関係会社（子会社）も対象となります。また、内部監査担当部門は監査対象業務から独立していることが求められます。

内部監査とは別に、会社には法令に定められた監査として監査役、監査委員または監査等委員による監査と公認会計士による監査があります。これらは三様監査といい、それぞれ監査の目的は異なりますが、互いに連携していくことで監査の実効性を高めることができます。

図表9-3　三様監査

	内部監査	監査役等の監査	公認会計士監査
法令の根拠	— (社内規程に基づく)	会社法	金融商品取引法、会社法
監査対象	社内の内部統制、業務プロセス、管理体制	取締役の職務執行 財務諸表	財務諸表 内部統制報告書
監査人	内部監査人(従業員)	監査役、監査委員、監査等委員(会社の機関)	公認会計士または監査法人(第三者)

第5節 内部統制

1. 内部統制とは

　内部統制とは、会社がその目的を安定的かつ効率的に達成するために、その会社において適用されるルールや業務プロセスを整備し運用することをいい、コーポレート・ガバナンスの要になります。

　会社の役員・社員が、聖人君子のごとく、いかなる不正もせず人為的な間違いも犯さないのであれば、内部統制は必要ないかもしれませんが、実際はそうではありません。会社が法令を遵守して、継続して収益を上げていくためには適切な内部統制が必要となります。経営層が一体となって内部統制を無視すれば、その機能には限界がありますが、内部統制が有効に機能すれば、経営者の暴走にも歯止めをかけることができます。

2. 内部統制報告制度(J-SOX)

　米国でエンロン事件といった大型企業の会計不祥事が発生したことに端を発し、米国でSOX法が成立しましたが、日本でも2008年4月以降から日本

版SOX法が開始されました。

　内部統制報告制度は金融商品取引法によって定められており、「J-SOX」と呼ばれます。内部統制報告制度は、上場会社に対して、経営者が財務報告に係る内部統制の整備状況や有効性を評価した「内部統制報告書」を有価証券報告書とあわせて内閣総理大臣に提出することを義務づけたものです。そして、内部統制報告書は公認会計士または監査法人の監査を受けなければなりません。

　新規上場会社では、上場日の属する事業年度の直前事業年度末の資本金が100億円以上、または、負債合計が1,000億円以上である場合を除き、上場日から3年を経過するまでは、監査証明を受けなくてもよいとされています。ただし、免除されるのは監査法人による監査証明についてのみであり、内部統制報告書の作成は必要です。内部統制報告書を作成するためには、内部統制の仕組みを整備・運用して会社自ら有効性について評価をしなければなりません。このためIPO準備にあたっては、J-SOXへの対応も計画的に実行していく必要があります。

＜参考文献＞
- 『経営組織』／金井 壽宏／1999 年 1 月／日経文庫
- 『組織設計概論』／波頭 亮／1999 年 8 月／産業能率大学出版部
- 『戦略プロフェッショナル』／三枝匡／2002 年 9 月／日経ビジネス人文庫
- 『経営パワーの危機』／三枝 匡／2003 年 3 月／日経ビジネス人文庫
- 『組織戦略の考え方』／沼上 幹／2003 年 3 月／ちくま新書
- 『組織デザイン』／沼上幹／2004 年 6 月／日経文庫
- 『V 字回復の経営』／三枝 匡／2006 年 4 月／日経ビジネス人文庫
- 『アンゾフ戦略経営論（新訳）』／H・イゴール・アンゾフ（著）、中村元一（監訳）／2007 年 7 月／中央経済社
- 『内部管理実務ハンドブック（第 4 版）』／東陽監査法人（編）／2009 年 4 月／中央経済社
- 『まるわかり労務コンプライアンス』／社会保険労務士法人みらいコンサルティング／2010 年 11 月／株式会社労務行政
- 『〔エッセンシャル版〕マイケル・ポーターの競争戦略』／ジョアン・マグレッタ（著）、櫻井祐子（訳）／2012 年 9 月／早川書房
- 『現役経営者が教えるベンチャーファイナンス実践講義』／水永政志／2013 年 1 月／ダイヤモンド社
- 『ベンチャー企業を上場成功に導く資本政策立案マニュアル〈第 2 版〉』／石割由紀人／2014 年 6 月／中央経済社

＜参考 URL ＞

日本取引所グループ　http://www.jpx.co.jp
厚生労働省　http://www.mhlw.go.jp

〔編者紹介〕

みらいコンサルティンググループ

　1987年監査法人の直系会社として設立。2007年に監査法人から独立。

　設立以来、中堅・中小企業への支援をメインとした「総合・実行支援型コンサルティングファーム」として、会計・税務、経営改善・成長戦略、IPO、企業再生、国際税務、企業再編、M&A、人事労務コンサルティングサービスなど多様なコンサルティング業務に取り組む。

　経営課題を抱えるお客さまと中長期的な関わりを持ち、企業全体の視点に立ち、自ら「実行支援」までを行って解決に貢献することが大きな特徴。

　公認会計士、税理士、社会保険労務士、中小企業診断士、司法書士などの有資格者を中心に金融機関、事業会社出身者を含め各分野のプロフェッショナル数は200名。

[グループ概要]

代表者	久保 光雄
設　立	1987年4月6日
社員数	200名（2016年11月1日現在）
【公認会計士】	14名
【会計士補】	1名
【税理士】	35名
【社会保険労務士】	27名〈うち特定社会保険労務士10名〉
【中小企業診断士】	5名
【司法書士】	1名
グループ本社所在地	〒100-6004 東京都千代田区霞が関3-2-5 霞が関ビル4階　TEL：03-3519-3970（代）　FAX：03-3519-3971
国内拠点	札幌支社・仙台支社・新潟事務所・名古屋支社・大阪支社・岡山事務所・広島事務所・福岡支社
海外拠点	北京・上海・深圳・マレーシア・シンガポール

[グループ会社一覧]
- みらいコンサルティング株式会社
- 税理士法人みらいコンサルティング
- 社会保険労務士法人みらいコンサルティング
- MCA監査法人
- みらいコンサルティング司法書士事務所
- 唯来亜可亜企業管理咨詢（上海）有限公司
- 唯来企業管理咨詢（北京）有限公司
- 唯来企業管理咨詢（深圳）有限公司
- MIRAI CONSULTING MALAYSIA SDN.BHD.
- Reanda MC 国際公認会計士共同事務所
- 株式会社みらいアウトソーシングSR
- 一般財団法人 ASEAN・東アジアビジネス支援機構

〔執筆者一覧〕（50音順）

安達翼（社会保険労務士）

車田英樹（公認会計士）

末廣健嗣（公認会計士）

田村聡一郎（公認会計士）

富岡智之（人事コンサルタント）

中谷仁（公認会計士）

羽淵崇之（社会保険労務士）

藤崎和彦（社会保険労務士）

松山陽（社会保険労務士）

吉田慶太（社会保険労務士）

平成29年2月20日　初版発行　　　　　　　略称：みらいIPO

会社の成長とIPO
―次なるステージを目指す経営者のための本―

編　者　Ⓒみらいコンサルティンググループ

発行者　　中　島　治　久

発行所　同 文 舘 出 版 株 式 会 社
東京都千代田区神田神保町 1-41　　〒101-0051
営業（03）3294-1801　　編集（03）3294-1803
振替 00100-8-42935　　http://www.dobunkan.co.jp

Printed in Japan 2017　　　　　　DTP：マーリンクレイン
印刷・製本：萩原印刷

ISBN978-4-495-38751-8

JCOPY〈出版者著作権管理機構 委託出版物〉
本書の無断複製は著作権法上での例外を除き禁じられています。複製される場合は，そのつど事前に，出版者著作権管理機構（電話 03-3513-6969，FAX 03-3513-6979, e-mail: info@jcopy.or.jp）の許諾を得てください。